他们，逐梦前行

张 蕊 著

山东城市出版传媒集团·济南出版社

图书在版编目（CIP）数据

他们，逐梦前行 / 张蕊著. — 济南：济南出版社，
2019.5（2023.5 重印）

ISBN 978-7-5488-3732-9

Ⅰ. ①他… Ⅱ. ①张… Ⅲ. ①高中–中学教师–先进
事迹–历城区–现代 Ⅳ. ①K825.46

中国版本图书馆 CIP 数据核字（2019）第 096845 号

他 们， 逐 梦 前 行

TAMEN，ZHUMENG QIANXING

出 版 人	田俊林
书名题字	顾明远
责任编辑	李钰欣　班　经
装帧设计	焦萍萍
出版发行	济南出版社
地　　址	山东省济南市二环南路 1 号（250002）
印　　刷	肥城新华印刷有限公司
版　　次	2019 年 5 月第 1 版
印　　次	2023 年 5 月第 2 次印刷
成品尺寸	170mm×240mm　16 开
印　　张	14.5
字　　数	213 千
定　　价	58.00 元

济南版图书，如有印装错误，请与出版社联系调换。

电话：0531—86131736

序

近半个世纪的春秋岁月，我耕耘于三尺杏坛，孜孜矻矻，不辍劳作，历经苦辛，胼手胝足，探赜索隐。仅于此慢慢探究之途，广交名家，博采众长，以弥己之阙，补己之短，因此多有获益、感受颇丰。更因中华民族几千年文化精髓，时逢盛世，为我们使其薪火相传提供千载难逢之机，更使我辈深感责任重大。现代化中国不仅急需培养大批合格人才，更望发现和培育大量名师名校；不仅要求我辈传承民族文化，更需我等创造现代文明，并使之服务社会。担此历史重责，我有幸接触了不少名校，历城二中便是其中佼佼者。

初次造访这所学校，不是因为它处于孔孟之乡、齐鲁之邦的济南，而是因为它是辛弃疾故乡的一所农村中学。"人生在勤，志达天下"八个大字不只显现于体育馆的楼顶门楣上，而是随处可见，也已铭刻于历城二中师生的心中。偌大校园，整洁有序，楼舍栉比，尽观全貌，需颇费些脚力。在设计者费心构设的各种造型和景点中，我觉得设计最成功的当属校门右侧的那堆"乱石"。在铺满鹅卵石的池子里，在那些规则的和不规则的石头中，刻着"璞石成器"的那一块斜立在地上，尤为醒目。"璞石成器"，其意深矣。"璞石"不经切磋，何以成玉？不经琢磨，何以成器？这需要汗水，需要坚持，更需要智慧，需要巧手。

初见校长李新生，便觉得这是个有思想、有眼光、有胆识的实干家、创新者，他的言谈举止中透着坚定、坚决和坚韧。我坚信，他能将历城二中这块"璞石"磨成玉、琢成器。当然，这需要时间，还需要才智和不懈的努力，需要"初心不改,矢志不渝"。正是凭借这种精神,十年后他做到了。十多年中,全国著名的专家、名师、精英,几百场的报告、讲座,改变了历城二中几百名教师的内在气质,各种培训、进修,提升了几百名教师的品位、内涵。"他山之石,可以攻玉",省内乃至全国的名师充实到历城二中,使得这所区域名校具备了跻身全国名校的实力和资本。一个学校的校长就应该是这个学校的灵魂,二中的发展和成就尤为典型。

自己冗务繁杂,难以更多地关注这所学校,尤其是对这个学校的广大教师,知之甚少,虽略知几位翘楚之名,却未能深知其业绩,甚为遗憾。好在幸运眷顾,机缘巧至。日前,历城二中的张蕊老师精心编写了《他们,逐梦前行》一书,索序于我,一则后生谦虚好学,诚心求助,其情难却;二则可借此深入了解二中教师,以弥缺憾,了却心愿,便欣然应允。

余暇览阅,感慨良多。张蕊老师以平实的手法,翔实地叙写了历城二中部分老师的工作业绩和感人事迹,可谓菁华簇枝、硕果累累。虽为些许人事,也可窥斑测豹,揆度学校崛起至于辉煌之因。

"士不可以不弘毅,任重而道远。"宏大的志向,坚毅的品格,担当的重任,遥远的未来,抱有这样的信念,依靠这种坚韧和执着,敢于承担起历史的重任,才能向着心中的那个梦想,砥砺前行,走得更远。作者了解这些人,更了解这所学校,因为她是其中的一员。身边的人,平凡的事,显出不凡的品格和精神。如今,历城二中已成为世人瞩目的名校,李新生校长也成为闻名退迩的名校长,为此,我深感欣慰。是为序,希望有助于推介所著。

魏书生
二〇一八年九月二日

媒体看二中

2013年得缘走进历城二中采访，深为校长之勤、教师之勤、学生之勤感动。

"勤"被李新生校长看作人生成长中最重要的素质。他自身勤，要求老师勤，更注重培养学生的勤。"人生在勤，志达天下"被定为校训。

以"勤"立校，让历城二中近几年受到济南城区学生家长的追捧，但是严格规范的管理也遭受一些热议。

一位学生家长这样评价历城二中："朴实真挚，家长省心，学生安心。"

正是因为继承了传统乡村文化中淳朴、务实、勤奋的精神，历城二中趟出了一条教书育人之路。这所学校留给学生的品质会在他们之后的成长道路上慢慢显现。

（郑燕峰　中国青年报社山东记者站站长）

历城二中是一个优秀的教育生态圈。

这个优秀的生态圈对内凝聚师生精气神，使师生在这里浸润独有的教育文化；对外传递教育正能量，形成社会好口碑，助推尊师重教的良好社会风尚。

历城二中是一个优秀的教育群体、教育团队。

在这些勤勤恳恳、踏踏实实的老师们身上，我们看到的既是一个个充满教育智慧、教育情怀的鲜活教师，更是一个优秀的教育群体、教育团队。在这个群体和团队中，老师们各有所长，各具风格，他们和谐共处，互相促进，互相成就；师生教学相长，互相唤醒，共同进步。这样一个群体和团队，既成就了学生，也成就了教师；既成就了学校，也成就了教育。

历城二中是一个有生命力的教育文化品牌。

这个教育文化品牌就像一个大染缸，浸润其中，就会生发出历城二中的气息和色彩；也像一个大熔炉，一经其中就会锻出纯钢，培养出万千优秀学子。

（魏海政　中国教育报刊社山东记者站副站长）

这是一本破解历城二中成功密码的访谈录，是一本为了学生、为了教学的创新策，也是一本展现二中优秀教师群体风采的群英谱。

书中展现了在优秀教育工作者李新生校长带领下的一个优秀基层教育群体。在他们的身上，能读到矢志不悔的教学初心，读到为了学生全面发展的教育创新，读到与学生"将心比心"的赤子情怀。

谁说当代社会没有教育家？二中的老师们因材施教、教学相长，有些在相关的学科领域早已经成名成家，桃李满天下，但依然俯身教学一线，像一支红烛，燃烧自己，照亮青年。他们为了学生的成长舍小家顾大家，有的甚至以校园为家，一心扑在教学上，是他们长期的奉献和坚持，成就了历城二中这个优秀教育品牌，也为国家培养了一代又一代栋梁之材。

中国的教育家群体是有绝活、有爱心、始终奉献在基层并乐此不疲的优秀教师群体。讴歌这些鲜为人知的人物，在他们的故事中感受到教育的真谛、教师的伟大也就是为当代中国的教育家画像，也就是在弘扬我们这个时代教育工作者的主流价值观、磅礴正能量。

（朱德泉　大众网总编辑）

《论语》有云："夫子循循然善诱人，博我以文，约我以礼，欲罢不能。"两千五百年前，孔门弟子颜回道出了所有学生对于老师的崇敬之情。本书通过介绍历城二中诸位优秀教师的感人事迹，让一位位热爱教育、关爱学生、敬业奉献、学识渊博的师长跃然于读者面前。他们，并非望之俨然，而是即之也温；他们，不止传道授业，更兼春风化人；他们，是默默耕耘的园丁；他们，是指引方向的灯塔；他们，是亦庄亦谐的良师益友；他们，是点亮智慧的启明晨星。一同阅读，一同聆听，一同感悟，一同见贤思齐。

（孙珊　山东广播电视台齐鲁频道副总监）

　　一所拥有60多年建校历史的中学，在很长时间里是作为一所普通的农村中学存在的。直到近20年来，历城二中才声誉鹊起，教学质量突飞猛进，一跃成为济南优质中学的第一方阵，完成了一所农村中学向城市名校的华丽嬗变。

　　因为工作的关系，我多次到访过历城二中，青青校园内处处洋溢的青春气息，浓厚的学习氛围，以及创新之风日盛的育人环境，都给我留下了难忘的印象。这里的学风是扎实的，如同深耕在农村的沃野，不浮夸，不骄奢，教师以校为家，学生以梦为马，师生在快乐而单纯的学习生活中一起成长，书写着属于各自的人生芳华。

　　2018年，历城二中迎来60周年校庆，学校乔迁新址。对这所志向远大的"甲子名校"而言，百年名校才是她真正的梦想。我们可以乐见其成的是，在"专家型校长"李新生先生的带领下，历城二中势必会迎来更好的发展时期与发展机遇。新校舍、新未来，崭新的历城二中将成为新时代教育界的一颗永不暗淡的明珠！祝福历城二中！

　　　　　　　　　　　　　　　（赵治国　《济南时报》总编辑）

　　从1958年到2018年，60年风雨一甲子，历城二中从一所默默无闻的乡村中学，成长为如今全国闻名的省级重点高中、济南教育品牌学校。"最美是人生，在勤的咏叹；不变是志达，天下的誓言。"历城二中校歌《稼轩咏叹》中的歌词，道出了这所学校成功的秘诀：领导勤政、教师勤恳、学生勤学。

　　如果仅仅把历城二中看作是一所靠"管得严"、单纯以成绩而"逆袭"的学校，那就太片面了。在注重常规管理、追求学业成绩的同时，这所学校也在努力打造鲜明的办学特色，培养全面发展的高素质学生，科技创新教育、陶艺教育和艺术体育教育已成为三张响亮的名片，而3枚国际奥赛金牌、28枚全国金牌的五大学科奥赛成绩更是令其在省内独领风骚。

　　在历城二中，起得最早睡得最晚的不是学生，而是以校长李新生为首的老师们，他们吃住在学校，恨不能一天二十四小时都陪伴在学生身边。他们坚守着教书育人的初心，在历城二中这片土地上俯下身，甘愿做一头勤恳耕耘的"老黄牛"，用知识肥沃了这块土壤，用汗水浇灌了祖国的树苗。

　　优秀教师是一所学校最宝贵的资源，讴歌他们的勤恳、质朴、敬业、渊博和良善，是致以他们最真诚的感谢，是给予他们最崇高的褒奖。只有尊师重教，一个国家才有未来。

（丁建锋　舜网总编辑）

不知不觉，我在媒体做教育已经12年了；不知不觉，我与历城二中的缘分也已经12年了！这12年，我见证了历城二中从一所农村中学成长为一所现代化学校的全过程，也见证了历城二中人如何以"两耳不闻窗外事，一心只读圣贤书"的态度做教育的全过程，历城二中于我，就是一个精神高地！

每年，有事无事我都会到校"朝拜"一次，无论是从李新生校长"做教育不能随波逐流"的追求中，还是从学校"人生在勤、志达天下"的校训中，汲取成长的力量。在这我必须要感谢张蕊，感谢她作为媒体通讯员对我工作的支持，更要感谢她作为历城二中人对我的影响，就像她作为一名体育老师考取了山东大学的博士，就像她孜孜不倦写出了这本"教师宝典"。

从董家镇到唐冶新区，历城二中终于办成了家长心中"理想中的样子"，而我，也将循着她新的轨迹再出发，继续我与历城二中的下一个12年！

（尹萍　济南日报报业集团教育事业中心副主任）

每次走进历城二中，总会感觉备受感动和鼓舞。这里有最优秀的老师，他们用雄心、匠心、公心、恒心、苦心、爱心因材施教，润物细无声，桃李满天下。这里有最优秀的学生，他们风华正茂、思维敏捷、认真刻苦，勇攀知识高峰。这里有最具奉献精神的教育理念和千锤百炼的教学研团队，奥赛的奖牌、自主招生的录取榜单、名校越来越多的青睐和看重，凝练着学校教育教学的不凡战绩。这里还有一位最优秀的大家长——校长李新生，他用教育家的匠心、情怀和智慧带领全体师生不断创造佳绩，成为山东省教育教学创新的引领者和改革缔造者。历城二中，既有平凡的坚守，也有不平凡的教育梦。

（张静　新浪网山东站副总编辑兼教育频道总监）

历城二中从一所普通的村镇中学，成为"全国百强名校"，最主要的是这里有一大批敬业奉献、爱校爱生的好教师。在这些教师身上，有很多好的特质。首先是爱与责任。陶行知先生说过："教育不能没有爱，没有爱就没有教育。"教师们像对待自己的孩子一样，坚持陪伴，引领学生，让学生终身受益。其次是奉献拼搏、敢打硬仗的精神，尤其在奥赛项目等拔尖创新人才培养方面，这种精神体现得更加显著，因而在奥赛训练上取得独特成效，在培养出国内外名校生数量和质量上成绩傲人。

"人生在勤，志达天下"，是校长李新生总结的校训，引领教师们更加身体力行"勤奋""细节管理""育人比传授知识更重要"的理念。当然，没有创新，也就没有历城二中今天的辉煌。历城二中教师尊重和研究教育规律，接轨社会经济发展大势，发扬习总书记提出的"钉钉子精神"，守得住寂寞，"不为浮云遮望眼""任尔东南西北风"，坚定走自己的路，潜心教育，立德树人，赢得了学生、家长和社会的高度认可和赞誉。

（王原　大众日报社政教新闻中心副主任、驻教育厅记者站副站长）

我和历城二中有缘分，负责宣传的张蕊老师是我的校友，李新生校长也是我的校友，因此有一种天然的亲切感。后来我多次到校采访，发现了这所学校更多令人感动的地方。最大的感动是这里的老师，没有光鲜衣着，有的是步履匆匆；没有豪言壮语，有的是实实在在。老师们认真负责的精神令人敬佩，他们从早到晚陪伴学生学习和成长，不是父母胜似父母！师者，一校之灵魂也，历城二中这所位于城郊的普通高中，从最初的名不见经传到如今的声名鹊起，老师们功不可没。向历城二中的老师们致敬！

（李飞　齐鲁晚报社基础教育工作室主任）

李新生校长有很高的精神追求，不仅仅要把更多的学生培养好并输送进清华、北大等高等学府，而且想把学生培养成全方面发展的人才。学校不仅关注学生知识和成绩层面，还在学生生活、心理、生涯规划、人格生长等方面持续开展了很多实践活动。历城二中的老师们更是朴实无华、务实不虚，用爱和责任诠释了教育人的担当。他们累并快乐着，是真正的在用心做教育。

六十年沧桑砥砺，见证今日华彩篇章；一甲子岁月峥嵘，期待历城二中再创辉煌！

（韩仲敏　新华网山东教育频道主任）

大美二中

大才槃槃人杰地，美哉岱宗未了青。历尽沧桑一甲子，城东古校墨香萦。

二安风骨今犹在，中坚学子锐意锋。辉辉正气昭日月，煌煌英姿势如虹。

人生数载时不待，生如黄河水朝东。在手之棹翻江海，勤力击水云帆扬。

志存高远匡社稷，达济生民担兴亡。天地立心继绝学，下自成行众锵锵。

（王永军　历城区教育局主任督学、原宣传科科长）

反复赏读，掩卷常思，张蕊笔下的这群教师个个饱满可感，让我们肃然起敬，为之赞叹。在这本书中，我们读到的是历城二中一群教育工作者最朴素的乐教情怀，不跟风、不折腾、不浮躁、不懒惰，言之有物、行之有格，用教育者的灵魂，帮助求知学子夯实人生之基。讲奉献、讲担当，他们是一群视理想信念比生命还重要的教师，在教育的溪流中一次又一次激荡起向真向善的涟漪；他们是一群灵魂有香气的教师，带着爱的种子一次又一次向教育的纵深处蔓延。

（贾延芳　历城区教育教研中心主任、原宣传科科长；吕学强　历城区教育局办公室主任、原宣传科科长）

2018年5月的一天，《济南日报》一知名记者走进二中新校园。那时，整个学校都在施工，外人眼里，到处乱糟糟的。李新生校长领着记者自如地穿行其间。

那位记者跑教育多年，走过数不清的学校，见过近千名校长，跟在李校长身后时，她不时地拿起手机拍照。我打趣道："你拍李校长那么多背影干啥用，又酝酿一篇大文章吗？"她郑重地说："二中不就是李校长用心血写就的一本厚书吗？"她这一说，同行的记者纷纷点头。

翻开二中这本书，你会被每一个章节深深吸引，你会陶醉于每一处字里行间，你会感受到鼓鼓的能量。

当春风从卿云桥上徐徐吹过时，绿意间染了土河两岸新栽的弱柳，一行行青春的诗歌，随风写满了这片富有生机的大地。

（刘爱军　历城区教育局宣传科负责人）

目录

第四辑　优秀教师

第一辑 ▶ **领导干部**

　　历城二中的干部，永葆初心、立身有责，恪尽职守、勤勉为公。他们都是由一线教师、班主任成长起来的，对课堂充满热情，对学生充满仁爱，对教育充满敬畏。早出晚归已成为他们的生活常态，但他们依然保持本色，步履铿锵，向着心中的教育梦，砥砺前行。他们甘愿在细碎的时光中守望使命，用奋斗的精神拥抱明天。

李新生

从农村中学到中国百强名校，他与母校共成长

李新生，中共党员，高级教师，现任历城二中党委书记、校长。入选第二期"国培计划"——全国中小学名校长领航班，曾被评为全国优秀教师、全国十佳创新型校长、山东省富民兴鲁劳动奖章、山东省优秀共产党员、山东省先进工作者、山东省有突出贡献的中青年专家、齐鲁名校长、山东省十大杰出科技校长、济南市劳动模范、济南市特级校长、济南市十佳校长、济南市专业技术拔尖人才、济南市优秀教育管理者等。

他心系教育，肩负推动区域教育优质均衡发展的社会责任，稳步推进"教育集团+优质学区"办学模式。他深化教学改革，主持参与的课题"个性化思维建构教学"获基础教育国家级教学成果奖二等奖、省级一等奖，课题"普惠创客教育体系研究与实践"获基础教育国家级教学成果奖二等奖、省级特等奖。他推进素质教育，打造了陶艺教育、科技创新教育和艺术体育教育三张响亮名片。目前，学生获国际奥林匹克竞赛金牌3枚，全国五大学科奥林匹克竞赛金牌33枚、银牌25枚，金牌学生被清华大学、北京大学录取。

教育格言

教育为公以达天下为公。

教育感悟

做教育就怕教育思想的不稳定性，今天学这个，明天学那个，在被动的"照搬"过程中，丢掉的恰恰可能就是教育理念中最核心、最有效的东西。

作为管理者，应当具备问题意识，只有牢固树立问题意识，才能有危机意识、发展意识、创新意识。而发现并查找问题，是管理工作的起点，更是实现管理目标的关键一步。

规范化管理固然有"管死"的风险，但如果只追求活力，不讲求规范，就不能形成执行力。从某种意义上说，没有严格的管理就会扼杀学生的个性和创造性。

办教育光有"勤"不行，没有科学含量，还是死打硬拼；反过来，有了科学含量，没有淳朴的脚踏实地的精神也不行。

岁月不居，时节如流，追梦者常青，拼搏者不息。李新生与历城二中有着深厚的渊源，从当学生，到成为一名优秀的教师，再到如今成为受人尊敬的校长，一路走来，他始终坚守梦想，勤以修身，二中已经渗透于他的内心深处，让他时刻牵挂，让他永远有使不完的劲儿。

奋斗是幸福的，奋斗也是艰辛的、长期的、曲折的。三十年来，他扎根农村，与二中共成长。在奋斗中，他敢于锻造"担当的宽肩膀"，不断提升"成事的真本领"，把一所农村中学一步步打造成泉城济南的教育品牌、名副其实的中国百强名校，让更多的孩子享受到了优质的教育。如今，历城二中教育集团与时代同行，星耀泉城，成为家长和学生"最向往的学校"之一，二中精神也引领着教育新风尚。

用朴素的教育良知，做学生生命的引路人

1990年，李新生大学毕业，他毅然回到远离市区的母校历城二中，开启了新的人生。

"人生在勤，志达天下"是历城二中的校训，从教以来，他一直践行着这句话。每天早上，他第一个起床来到教室，督促学生学习，把工作做得井井有条。每天晚上，他坚持完成工作，熄灭学校最后一盏灯才去休息。他一直主张"喊破嗓子不如做出样子"，为学生树立榜样。

对于课堂，他始终坚信"教书要靠个人魅力"。当时，学校里的学生几乎都来自农村，上学机会十分难得，他劝勉学生们考大学。但是在劝学这件事上，他从来不走便捷的途径，只是全身心地投入工作，身体力行地感染学生。

自1991年起，李新生开始作为班主任带班。"我是个急性子，学生的事从来是'问题不过夜'。"他说，学生在学习上、生活上遇到任何问题，他都亲力亲为。他在生活上艰苦朴素，对自己要求苛刻，但对贫困生却倾注了满腔热情：学生生病了，他陪学生到医院看病；学生没有生活费了，他便自掏腰包。当班主任时，他始终与贫困生结对子，每月资助他们，使他们真切感受到了学校大家庭的温暖。

教育部第二期中小学名校长领航班"李新生校长工作室"挂牌

老师们都说，李新生带的班，班风正，学风好，后进生转化快，各方面成绩突出。1994年，他带的班荣获济南市高考历史成绩第一名。1998年，年仅30岁的他成为最年轻的全国优秀教师。

自2001年担任历城二中校长以来，李新生始终坚守"对教育'精耕细作'"。他说："多年来，我们不跟风、不盲从，以润物细无声的方式开展养成教育，着力于学生意志品质培养，目的就在于实现孩子们'全方位素质'的提升。"这其中，规范化管理是抓手。历经多年的探索，历城二中已经形成了较为成熟的寄宿制普通高中管理模式，在引导学生明确"学习就是要回报社会"的信念基础上，通过不断完善规范一系列的规章制度，打造全方位提高学生综合素养的科学体系：细致合理的作息制度，确保了学生学习与生活时间安排紧凑、节奏协调一致；对着装、内务等统一而严格的要求，形成良好的纪律观念和集体生活的习惯；从"随时捡起地上的一片纸屑"抓起，在校园中形成"学习要从生活开始，生活要从细节开始"的新风尚。

李新生希望从二中走出的学子，都能够以勤立身，志达天下，以良好的德行和素养闯出自己的一片天，成为对国家、对社会有用的人。历城二中的德育工作，没有喊得震天响的口号，把常规工作做细做实，让学生养成良好的行为习惯、高雅的文明修养和顽强的意志品质，才是学校立德树人的追求。学生每天坚持3000米跑，每天唱好课前一支歌、收看《新闻联播》；每周组织升旗仪式，召开主题班会，评选班级之星，观看周末影院，组织家长进课堂；每月组织主题教育活动，一月一主题；聆听百场老科学家报告，欣赏百场音乐会，看百场经典电影，真正践行"为每一位师生搭建发展阶梯"的办学理念。

历城二中的学生，有着严谨治学、积极上进的精神，更以乐观自信、厚德自律而著称。一次，学生在泉城广场开展公益活动，正逢大屏幕上播放国歌，学生立刻行注目礼，受到路人的称赞。当爱国、奉献、责任、勤俭、求真等正能量注入学生的生命，他们也就有了持续发展的强大动能。"关心每个学生，为每个学生提供适合的教育"，是李新生对教育的最好承诺。一个学习成绩在年级名列前茅的学生说："历城二中给予了我三件珍贵的礼物，那就是师生情、同学情和上进心。"另外一个成绩并不突出的学生说："虽然我学习成绩并不突出，但我仍然觉得每天都非常有目标、有奔头！"能让不同层次的孩子都充满信心，调动起每个学生奋发向上的积极性，就是历城二中教育的"魔力"与魅力之所在。正如李新生所说，"考试成绩只决定学生一时的成败，而好习惯、好品质才是助人成功的根本。"为学生发展长远计，是他做教育的坚定选择！

李新生校长与学生在一起

用科学的教育理念，在坚守与创新中实现跨越发展

在历城二中发展进程中，有两个关键词极为重要，即"坚守"和"创新"。其实这两个所谓的"关键词"，就是李新生坚守的行为准则，也是历城二中"发展公平而有质量教育"的内在文化基因。

学校持续发展的动力，在于坚守信念，勤文化，作为历城二中的风气，不仅仅是被写在墙上、说在口里、记在心上、落实在行动上，更重要的是，学校自始至终就坚持不懈地将它发扬光大。

时至今日，每一届教代会上，学校都会以主题倡议书的形式，不断丰富和拓展勤文化的内涵，触动老师们的思想，坚定其信念。久而久之，勤文化成为学校独具特色的文化基础，为师生所认同并践行。

李校长一直用实际行动诠释着勤文化，从弯腰捡起一片废纸开始，带头做好每一个细节。在校长的引领下，行政干部每天早晨至少比教师提前半小时到岗，只要学生在校，所有的级部主任几乎天天早晨6点到办公室，晚上学生休息后回家，不外出开会基本不出校门，24小时在岗待命，发现问题马上解决，听到安排立即执行。到了高三后期，所有班主任都搬着桌凳进教室，学生深受感动，称之为"爱的陪伴"。

每一位老师都在用自己平凡的故事诠释、践行着学校的文化：用心备好每一节课，认真上好每一堂课，仔细批阅每一份试卷，耐心辅导每一个学生。常规工作凝结着教师的心血，体现着教师的教育智慧。

坚守"规范化管理""教学常规""习惯养成教育""细节落实"，几十年如一日地坚守，不打折扣，不随波逐流，让师生永葆"二中本色"。

坚守是一种态度，是一种精神，这种态度和精神正在深刻影响着历城二中的每一个师生，甚至迁移到了每一个师生的家庭；坚守又不仅仅是精神和态度，它是创新的动力和来源，正是有了"守"，才有了理直气壮的"新"。

建成中国首个中学生太阳能实验室，全省率先实现后勤服务社会化，率先将"发明创造课"作为必修课列入课表，全市第一个中国教育学会实验学校，

李新生校长向毕业生赠送纪念册

济南市首家进行电子备课、网络教研的学校，济南市教育局"五个一"优化升级工程的第一所高中学校，2004年创建民办初中部，2008年开始对学生进行奥赛培训以探索拔尖创新人才的培养途径……每一项创新，彰显出李新生敢为人先、改革创新、志达天下的胆识与气魄。

历城二中跨越发展中凝结着关键节点的大手笔、大动作，但在李新生眼里，每一次大手笔、大动作背后的小细节、小举措的落实和创新，更起到了事半功倍的成效。

从管理角度上，李新生大胆打破在中小学沿袭多年的纵向管理体制，力推扁平化管理体制，加强顶层建设，强化决策职能，弱化中层管理职能，强化服务意识，加强基层的级部建设。实行级部负责制，全权负责本部的各项工作。上层设立校长、副校长两个岗位，其他领导全部下到级部，会同级部主任组建管理团队，在级部主任统一领导下开展工作。级部管理团队办公地点设在级部，抵近师生实施管理。这一管理体制变"纵向"为"扁平"，降低了管理重心，减少了中间环节，整合了管理职能，克服了纵向管理中的多头、分散管理带来的扯皮现象，有效提高了管理效率，把干部教师被旧体制束缚的活力充分释放了出来。

对于教师培养，为了既能重新点燃老教师的激情，又能助推青年教师的迅速成长，2008年，李新生决定启动"青蓝工程"，每年开展师徒结对活动。年终学校教研考核，徒弟的成绩计入师傅教研成绩中。"青蓝工程"将新教师的活力和老教师的经验融合互补，促进了教师团队的整体提升。

"名师培养工程"是二中教师培养的又一"利器"。学校在教代会上通过了《历城二中"名师""名班主任"评选办法》，每两年评选一届"二中名师"和"二中名班主任"。同时，学校还把评选十佳青年教师、教坛新秀、学校杰出贡献教师、巾帼建功先进个人、年度教书育人先进个人、青蓝工程秀师徒、师德建设先进个人等作为激励教师进取的常规举措。

除上述形式外，学校通过设立四个平台——校级研讨课 (二中讲堂)、校刊校报、电子备课网络教研和集体备课、教科研专家团，提高了教师的教研水平。

李新生校长与学生谈心

在学生培养方面，带着对高中教育的深度思考，李新生一直在探索如何深化素质教育内涵、搭建学生成长的平台。这十几年来，他把一个个思考落地、打磨、验证，推出了"科技创新教育、陶艺教育、艺术体育教育"三张特色教育名片：建造或改造了科技馆、陶艺馆、艺术楼、体育馆、书吧等场馆；实施课程引领，专门配备专业教师授课，相继开发了《开启创新之门》《陶艺》《毽球》等校本教材；与中科院老科学家科普报告团合作，每两周邀请老科学家到校为学生作科普报告；组织了科技节、夏令营、冬令营以及吕剧、舞蹈、曲艺等高品位艺术活动进校园等，打造了舞蹈、器乐、合唱、排球、毽球等精品社团。这些年来，学生创意超过80万份，其中有4267项获国家专利，师生先后获得各级奖励700余项；师生共同创作的《艺海拾贝》《中华文明长廊》《陶艺壁画》等具有较高艺术品位的陶艺作品已经成为学校文化的靓丽景观；舞蹈队参加了全国中小学生艺术展演，两个原创舞蹈作品分获"泰山文艺奖"和"泉城文艺奖"；学校器乐队、合唱队、毽球队、排球队在全国、省、市比赛中崭露头角。

坚守成就品质，创新引领发展。李新生主持参与的"个性化思维建构"教学成果获基础教育国家级教学成果奖二等奖、省一等奖，"普惠创客教育体系的理论探索与实践研究"获基础教育国家级教学成果奖二等奖、省特等奖；学生学业成绩大幅度、大面积提升，高考一本和本科上线率连续多年名列全市前茅，考入北京大学、清华大学的学生人数位居全省前列；自2010年至今，学生共获得国际奥赛金牌3枚，全国奥赛金牌33枚、银牌25枚。

用执着的教育责任，助力区域优质教育均衡发展

"教育为公以达天下为公。"著名教育家陶行知的这句名言用来形容教育至高境界最合适不过。

一所优秀的学校对于社会有何意义？在李新生看来，"办好历城二中，是一种引领；推动区域优质教育均衡发展，是一种担当。引领和担当才是历城二中工作的'一体两翼'，这才是完整和真实的历城二中。"

历城二中在传承与创新中发展。除此之外，借力发展、凝聚资源，也是步入新时代必做之事。于是，李新生先是牵头组建山东省名校联盟，把省内优质高中联合起来，实现了教育智慧和资源共享，后与国内几十所高中建立共同体联盟，群策群力，共同为教育发展做出努力。

时至今日，历城二中不断壮大发展实力，成立了教育集团，走上了集团化发展之路。李新生认为，历城二中有责任发挥引领、辐射作用，通过集团化发展达到区域教育均衡发展，让新加入的学校从一开始就站在高起点上运作，尽快把周边学校打造成有影响力的区域名校。

李新生不管干什么，总会带着感恩之心，他说这些年是政府、社会以及二中师生、家长、校友共同的努力带给了二中发展的机遇，诸多因素成就了这所学校。对于集团化发展，他充满信心，因为无论是政策支持还是团队能力，无论是硬件水平还是软实力，优质教育资源的覆盖面正在不断扩大。

如今，稼轩教育发展基金会成立，历城二中教育集团实现了破冰之旅，集团化发展迈出了坚实一步，唐冶中学稳步发展并向区域名校迈进。另外，学校先后与中新国际城和万达文旅城签约，两大片区新建的三所小学、四所初中、两所九年一贯制学校将纳入集团统一管理，集团队伍不断壮大。

教师事业的发展，需要教育整体水平的提高，需要一批引领者、示范者和帮扶者。李新生说："历城二中已经做的事情、正在做的事情、将来还要做的事情，概括起来就是两方面：一方面，把历城二中办成一所国内知名、展示素质教育成就的窗口；另一方面，充分发挥历城二中的引领辐射效应，通过教育集团平台，让老百姓共享优质教育资源。"

李新生从回到母校任教，到后来执掌二中发展，他把自己最美好的年华都献给了这方教育热土。他坚信，二中的未来会更美好，因为他和二中人已经拧成一股绳，他们有着"人生在勤"的文化根基，有着对教育的赤诚之心。如今，在这个崇尚实干、昂步向前的时代，李新生与他的团队必将扬鞭奋蹄、继续奔跑、不懈奋进，以永不懈怠的精神状态和一往无前的奋斗姿态，办最有温度、让老百姓放心的教育，承担起应有的社会责任！

李矿水
教育路上且行且歌

李矿水,中共党员,高级教师。敢于担当,坚守梦想,从一名优秀的班主任成长为级部主任、政教主任、副校长。现为济南市优秀教育管理者建设人选,曾被评为济南市先进工作者,济南市新长征突击手,济南市优秀班主任等。勤于实践,善于思考,乐于学习,主持或参与多项省市课题研究,曾获国家教育部基础教学成果奖二等奖、省级特等奖,撰写教育教学文章近200万字。

教育格言

提倡遵从生命成长规律来做教育,践行把每一个学生当作自己孩子的理念来办学。

教育感悟

爱是相互的,你付出了爱,也会收获爱。人心是肉长的,谁对他们好,他们清楚得很。

孩子的成长不是一个树大自然直的过程,是需要修剪的。没有约束的教育是放任自流的、不负责的教育。

教育是一种唤醒,是一种期待。唤醒孩子心灵的美好,唤醒孩子求知的欲望,唤醒孩子探索的精神。把时间还给孩子,把健康还给孩子,把能力还给孩子,不仅挂在口头上,更要落实到行动上。

一名党员，一面旗帜。李矿水就是一面旗帜，他以自己的实际行动诠释了什么是真正的共产党员。他年轻有为，曾作为分管级部的副校长，连续多次带一个近1800名师生的级部；他以身示范，并以自己的人格魅力影响并带动着身边的老师；他对工作严谨认真，对业务精益求精，对同事亲和有情；他甘当人梯，用真情浇灌教育的百花园，用真爱沁入学生的心田，用真挚赢得师生的尊重。

没有爱就没有教育

一年又一年，一轮又一轮。一轮就是三年，三年就是一轮。高中教师的日子就是在一轮轮的岁月流逝中度过的。每一个轮回总会有故事，总会有记忆，总会有憧憬和梦想。学生在成长，李矿水也在成长。他已经成长为一个懂得爱、善用爱并付出爱的老师。

做教师，尤其是当班主任，心里无时无刻不在惦记着班里的那群孩子。李矿水真切地感受到了，孩子们的眼睛是雪亮的，他们知道谁真正为他们好，孩子们点点滴滴的温暖也带给了他一辈子的珍藏。"三年了，他整整带了我们三年。这三年里，学生所有的苦，他都受了；我们没受过的苦，他也受了。当我们在食堂吃饭时，他总是站着，看着我们吃；当我们晚上酣然入梦时，他还在值班……41级毕业了，带着多少任课老师的青春和希望，其中最最辛苦的就是他……"打开历城二中贴吧，你会被"永远记得的一位老师"所吸引，这个帖子已有上千人点击，许许多多的学生在感激、怀念和祝福这位老师，他就是李矿水，他带过的学生都深深记得他的一切。

1998年，李矿水参加工作。初为人师，他干劲冲天，乐此不疲。每天早晨，他比学生早到教室；每天晚上，他目送着学生回宿舍。他和学生一起拔草，一起打扫卫生，一起上操，一起学习，一起流泪，一起欢呼。三年里，他不知多少次走进那熟悉的35级3班教室；三年里，他和每个学生的谈话已经不计其数。他几乎没有歇过寒暑假，学生放假离校了，他仍留在学校，读书，备课，研究教学。

李矿水与青年教师在一起

　　即使现在毕业生站到他面前，李矿水也会清楚地叫出他们的名字，说出当年发生在他们身上的事。一位学生在给他的信中写道："您不是我们的父母，却胜似我们的父母。遇到您，是我们一生的幸福。学生的幸福特别简单，遇到了一位好老师会记在心里一辈子。"李矿水觉得教育没有什么大事，有的只是和学生在一起的一些小事，把这些小事做好就不简单，做教育不能好高骛远，要把爱和力气用在学生身上。

　　行走在教育的道路上，他陪伴学生的时间远远多于家人。父亲去世了，那个寒冷的冬天，是他伤心的记忆。那一刻，他真正读懂了毕淑敏的《孝心无价》。可是，当学生们在日常生活中关心他、照顾他，还有那些毕业生带着鲜花返校看望他的时候，他一次次切身体会到了当老师的成就感，那是学生的牵挂，一句亲切的问候、一声简单的祝福让他感受到最大的幸福和满足。因为有了爱的回报，他的生命才更加有色彩。

作为老师，要对学生的发展负责

李矿水是一个善于思考和学习的人，这注定了他的成长过程只有动力，没有抱怨。

2011年7月9日，他参加了学生的毕业十年聚会。这些毕业生中出了很多博士和硕士。当年学习成绩并不突出的学生，现在也都事业有成。他坚定了他的教育理念：学生是一个个鲜活的生命，犹如各种花卉，会在不同的时节绽放，桃花在春天，荷花在夏天，菊花在金秋，而梅花在寒冷的冬天。教育就是要让这些花朵在该开放的时候开放，开出自己的色彩，开出独有的魅力，开出最美丽的花瓣。

带38级的时候，李矿水当两个班的班主任，教两个班的语文课，并负责全校卫生工作，分管一个年级，兼管团委的一些工作。他既是指挥员，又是战斗员，所有的工作他都处理得井井有条。

在班里，他经常给成绩不理想的学生打气，给任课老师鼓劲，让老师们多表扬、少批评。他上课时精神抖擞，豪情满怀，他传递给学生一种信念：

李矿水与美术组教师交流

老师有信心有能力把他们带好。学生们有一点进步，他会及时给予他们认可和赞美，让学生树立自信，让他们相信有付出就有回报。他在学生遭遇失败和痛苦时，及时鼓励和疏导，使他们越挫越勇。他以身作则，用坚持感染着学生。坚持是一种力量，几十个人团结在一起，势不可挡，他班的整体成绩有了明显的进步。他不断学习，不断努力，用丰富的学识影响学生。三年的坚持不懈使他所带的班取得了辉煌成绩。

李矿水接手钢铁8班时，这个班的整体成绩不理想，他立志要让这个班脱胎换骨。于是，他全天候盯班，在教室里安了一张桌子，坐在那里读书、备课、批改作业。他把"妈妈，我要把金牌挂在您的脖子上"贴到黑板上，两侧是学生的奋斗目标和写给学生的话，门口贴上"全家福"。他引导学生牢固树立"班荣我荣，班耻我耻"的观念，开展了"我为班级做什么"活动，倡导每位同学为班级做一件有益的事。他在周结簿、周记和作业本上，写着"为自己加油""老师相信你，和你一起努力""老师觉得你行，战胜自己的惰性，你会成功""马虎是吃人的，打死它，你会更优秀""老师坚信你是一个优秀的学生"等鼓励的话语。最终，钢铁8班胜利了，学生们亲昵地称他"水哥"。他觉得只是做了该做的事情，作为老师，就要对学生负责。

高考结束后，学生们收拾行李准备离校。广播里反复播放着《感恩的心》和《萍聚》，很多学生回忆起三年的高中生活，都舍不得离开，大家抱头痛哭，场面甚是感人。李矿水躲在办公室里不敢出来，怕学生们伤感，更怕控制不住自己的情绪。当同学们走了，他走进钢铁8班，看到桌子整整齐齐，地面干干净净，学生们最后一次把教室打扫了一遍，此时此刻，他已泪流满面。

李矿水一直都遵记着陶行知先生的一句话："在教师手里操着幼年人的命运，便操着民族和人类的命运。"在学生管理方面，他坚持教育管理应该还原学生的本真。在级部成立了"聊吧"，学生可以和老师"聊天"。这项举措让学生愿意走近老师，畅通了师生情感交流的渠道。他坚持让学生看《新闻联播》，坚持每周让学生观看励志电影，组织"感动班级人物"评选活动等，他要让学生培养一种人格特质，要让学生在"真善美"的环境中健康成长。

读书陪伴，成就幸福人生

著名学者王国维在《人间词话》中写道："古今之成大事业、大学问者，必经过三种之境界：'昨夜西风凋碧树。独上高楼，望尽天涯路'，此第一境也。'衣带渐宽终不悔，为伊消得人憔悴'，此第二境也。'众里寻他千百度，回头蓦见，那人正在灯火阑珊处'，此第三境也。"这是早为广大读书人所熟悉的读书三境界。作为教师，他喜欢淡淡的书香，喜欢静静的思索，喜欢默默地欣赏。他觉得文字的奇妙、思想的深邃、无声的对话，这一切唯有读书才可以给予。

他偏爱文学，也喜欢读一些教育专著。像李金初的《平生只想办好一所学校》、周国平的《周国平论教育》、李镇西的《与青春同行》、尹建莉的《好妈妈胜过好老师》、刘铁芳的《守望教育》、郑杰的《给校长的建议》、郑立平的《优秀教师成长之道》《把班级还给学生》、雷夫的《第56号教室的奇迹》、李冲锋的《班主任工作的50个细节》等。读书的过程，会有类似的情节，会充满期冀；读书的过程，会有心灵的碰撞；读书的过程，会有不解的困惑，不禁想找到一些捷径。不知不觉，不缓不急，心存着真诚、期待和感恩，他把书读得有滋有味，读书为他的生活平添了淡定和希望。

这些年，从读到写，他始终没有间歇。写过的诗歌有几百首，写出的故事有几百篇。尽管有些文字只是简单的记录，尽管有些故事还带点遗憾，但他坚持做好这一件事情。他始终认为，教育不是牺牲，而是享受；教育不是重复，而是创造；教育不仅仅是谋生的手段，而是丰富精彩的生活本身。

有人说，做老师的人很简单，特别容易满足。李矿水正是这样。他简单的着装，简单的心境，简单而有追求，把简单的日子过得有声有色。因为在简单中，他从未放弃对教育梦想的追求，他喜欢用故事记录学生们青春路上的脚步。这些故事成为他教育之路上最温暖动听的歌……

刘和国
坚守教育的使命与责任

刘和国，中共党员，高级教师。从教26年，从一名语文教师成长为优秀的班主任、级部主任、副校长，后担任历城区教研室主任，现为历城二中教育集团稼轩学校校长。他甘于奉献，勤业乐业，曾获济南市语文优质课一等奖，被评为山东省骨干教师、济南市高中语文学科带头人、济南市中语会常务理事、历城区教学能手、历城区名师、历城区名校长，2018年被授予历城区第五届敬业奉献道德模范荣誉称号。

教育格言

教育是基于爱的发现与唤醒。

教育感悟

当我们的学生在离开校园的时候，带走的不仅仅是知识，还有获取知识的技能，更重要的是对理想的追求。

学校特色要经得起时间的检验，是厚积薄发的显现，能够给学生带来引擎性发展动力。

教育是为孩子的成长服务的，心中装有孩子，时刻问问他们需要什么，我们能做什么。

刘和国是一位有着26年教育工作经历的老二中人，在历城二中工作25年，对二中、对教育有着特殊的情怀。从大学毕业回到母校后，他就立志做一个有理想、有追求、业务水平高的专家型教师。2002年，他走上学校管理岗位，和老师们一起探索教育教学的新路子，取得了不少成绩。回首过去二十几年的教学生涯和在历城二中的点点滴滴，所有的酸甜苦辣他都铭记于心，并有着深深的感悟：做教师最幸福的事情莫过于陪伴学生成长，做教育最幸福的事情就是老百姓放心地把孩子交到学校。

做呵护学生的"大家长"

历城二中是一所以严格管理著称的寄宿制学校，他说："家长把孩子交到我们手里，要让家长放心，作为班主任，我要当好这个'大家长'。"作为班主任，他每天早晨5点多起床，在学生到教室前赶到教室；作为值班班主任，他中午还要到餐厅值班，匆匆吃完饭再到学生宿舍值班，晚上在班内盯自习，晚自习下课后再到学生宿舍维持就寝纪律，23点后才回家，每天工作近18个小时。18个小时里都是与他的学生相伴，即便在工作时间之外，他仍要指导学生学习，关注学生生活，做好学生思想工作。他的家庭生活状态是，早上出门时家人在睡梦中，晚上回家时家人在睡梦中，每天早上出门、晚上进门，都是小心翼翼、轻手轻脚，生怕吵醒家人。虽然二中家属区与教学区只相隔一道墙，但是能与家人多待一会儿对他来说却是奢望。这样日复一日，年复一年，每天他都是在急促的闹钟声中起床，晚上拖着疲惫的身体回家。用刘和国的话说，这种生活也是二中班主任的生活，是二中人的生活，虽然累点，苦点，单调点，但为了教育事业，二中人累并快乐着，这便是二中老师敬业奉献的共同写照。

刘和国工作最初5年担任初中班主任。初中生年龄小，容易生病，半夜三更送学生去看病是常有的事，有时候还要把生病的学生及时送回家。1996年的冬天，班里一名叫张英的同学感冒严重，在送去看病的路上，张英对他说："刘老师，我想回家，我想妈妈!"张英的家在港沟，那时还没有电话，无法

刘和国与学生亲切交谈

及时通知家长，眼看天也快黑了，怎么办？恰好他刚买了辆摩托车，便毫不犹豫地骑上摩托车送学生。那时候，从董家经过唐冶到港沟，一路上并不好走，有些山路坑坑洼洼，有些路面布满碎石，好几次他险些跌倒，当把学生送到家时，天已经黑了。虽然比较辛苦，但当看到孩子见到家长的笑容时，他心中很是欣慰。毕业后多年，张英见到他还提起此事。这虽然是件小事，但对于刚刚参加工作的刘和国来说，却是第一次感受到一件小事带给学生的温暖，也感受到了学生和家长回馈给他的温暖。

1997年，刘和国开始担任高中班主任，一带就是六届高三。高中生大多处于青春叛逆期，常因一些小事导致心理上的极大波动。作为班主任，刘和国时时刻刻关注学生的情绪变化，帮助学生保持良好的精神状态。有一年高考前，班里有名同学考前压力大，对高考产生了恐惧心理，而且情绪波动比较大。他看在眼里、急在心上，想尽一切办法去开导她，利用业余时间和她交流、谈心，时刻关注着她的细小变化，慢慢地，这位同学逐渐振奋了精神，最终考入了山东大学。正是这样一件件看似不起眼的小事，不断强化二中人的使命与责任，不断激发二中人对教育的热情与挚爱，不断注入二中人追梦的激情与动力。

给学生无私的关怀，是老师义不容辞的责任。刘和国认为，班主任工作的精髓，归根结底就是一个"爱"字。在与学生的相处中，也体会到了学生对他的爱。有的同学说："刘老师，您太累了。您晚起一会儿，早睡一会儿，我们不会出问题的。"简朴的话语温暖着他的心。在一次学生毕业20年聚会上，一名上学时成绩平平而毕业后小有成绩的学生真诚地对他说："刘老师，那时我们很调皮，只顾玩。但您与我的一次谈话一直鼓励着我，没有那次谈话就没有今天的我，我非常感谢您……"说到动情处，这名学生竟然有些哽咽。作为班主任，他与学生谈话是一件再平常不过的事情，但学生却记在心中并改变了自己的人生，这对任何一位老师来讲都是幸福的、温暖的。考入西北民族学院的贾颂同学毕业后接连给他寄来两封信，说："这几天我很累很累，我在这里感到孤立无助，常常忍不住想哭。老师，我是多么的想你。"每每读到这样的文字，他的心里都热乎乎的。这种爱、这种师生情一直推动他为教育事业奉献青春，奉献终身，无怨无悔！

这些年来，刘和国始终以饱满的热情投入到他所热爱的教育事业中，即使在家人生病住院时，他也没有耽误过工作。他的老家在彩石镇，有一年，正值高三学生高考填报志愿，他的岳父得了脑膜炎，在医院昏迷了一个多月，并且病情不断加重，他和妻子带着老人转院检查。在检查过程中，几名学生因志愿填报的问题给他打电话，告知他正在学校等他。两难之下，他把医院检查的一切工作交给妻子。妻子也很理解他的工作，催他赶紧回学校，并说志愿填报是学生的大事，绝对不能耽误。作为父亲，刘和国也想多多陪伴自己的孩子，带孩子出门看看。可是，从2005年他任级部主任之后的10年间，因为工作忙，他只带孩子旅游过一次。每到放暑假时，他们全家也会有一个美好的规划，但都以让孩子失望而结束。现在，他的孩子已经长大了，这种遗憾对他来讲是没法弥补的。个人的事再大也是小事，学生的事再小也是大事，一切为了工作，一切为了学生，这就是二中人的敬业奉献精神，这就是二中文化。

一分耕耘，一分收获。让刘和国感到欣慰和骄傲的是，自己的学生一批批地考入大学，家长和社会各界广泛认可，学校办学水平一步步提升。2000

年，他初次带高三，他所带的普通班有33人考上本科，本科上线率和语文单科成绩在济南市遥遥领先，第二次他带的高三班取得了本科上线率75.47%的优异成绩，此后，更是年年捷报频传。

班主任工作，刘和国一干就是20多年，在这样高强度的工作中，他始终坚持"事业有理想，工作有境界"的工作观。二十多年来，每接手一个班，他都坚持用心、用爱去教好每一名学生，直到现在，他一直坚信有付出就有回报，一直坚信用心就可以做个好老师。

做语文教学的行家里手

作为语文老师，刘和国要求自己，不上无准备的课，不上准备不好的课。为了写好一个教案，他要修改多次，直到满意为止。记得有一年接高一新生，第一节课要讲《荷塘月色》这篇经典课文。为了以最好的课迎接新学生，他准备了好几个教案，并在家里进行试讲。妻子很纳闷，问道："你这是要讲公开课吗？"语文老师，备好一节课累，但批阅作业更累。作文、日记、练习、试卷，每天都有批不完的作业。而且高中考试多，尤其是高三，有时每周考两三次，但不论考多少次，他都坚持当天晚上阅完试卷、分析试卷、制作课件，几乎每次都工作到深夜。但第二天上课时，他呈现给学生的一定是成熟、完整的课。

在漫漫教学路上，刘和国找到了做好老师的标准：用"心"做教育！要想教好书，必须要有一颗敬业之心。参加工作伊始，为了上好课，他常常日思夜想，广泛阅读参考资料，积极向有经验的教师请教，认真备好每一节课。有时劳累了一天，已是夜深人静，他躺在床上，满脑子仍是问题。20世纪90年代的语文教学方式是：教师根据教学大纲，步调一致地去理解文章的某一段落，统一思想地去体会某一内容。当时，刘和国创新自己的教学方式，运用"阅读式教学""朗读式教学"的方式，鼓励学生对文章进行自我理解、自我解读，尊重学生的个人感受和独立见解。通过对其中的一个段落或整篇文章大声、带有感情色彩地朗读，学生深刻感受其中的感情。因此，课堂活

刘和国与教师交流思想

了起来，学习过程成为一个富有个性化的过程。

教学改革没有止境，只有不断创新才能适应学生。20世纪90年代，受魏书生六步教学法的影响，刘和国总结出"三谈三写"作文教学法，就是谈审题、谈思路、谈感受、写作文、写评语、写二遍。2005年以前的高考作文审题难度很大，学生往往下笔千言、离题万里。因此，他让学生在写作前，都要先谈谈自己是如何审题的，然后谈谈写作思路，第三步才开始写作文。作文批改后发下来，他让学生谈感受，并相互写批语，最后在日记本上再把作文重写一遍。虽然没有形成有名的教学模式，但效果还是比较好的。

做引领学校发展的践行者

2007年，刘和国担任副校长，但他始终兼任级部主任、班主任和语文课教师。在相当长的时间内，他既是指挥员又是战斗员，每天要处理大量工作。他既要站在学校层面宏观调控，又要站在级部层面一一落实，既要领导整个级部的管理与教学工作，又要作为一个普通班主任和语文老师做好基础教学工作。

作为业务副校长，他与教科室的相关领导反复探索、反复研究、反复提炼，总结出了"一二三四五"校本培训体系。"一"是一个中心，以提高教师专业素养为中心；"二"是"两个引领"，专家引领和课题引领；"三"是"三个工程"，读书工程、青蓝工程、名师工程；"四"是"四个平台"，二中讲堂、校刊校报、集体备课、电子备课；"五"是"五个必须"，备课必须进行二次备课、上课必须关注学生、作业批改必须有评语、听课必须达到一定次数、大型考试必须有面批。作为学校领导，他率先垂范，上示范课、带徒弟、参与集体备课、每年听课100多节。多年来，得益于校本培训，全校的教科研氛围既浓厚又融洽，现在已有50多位老师获得全国、省、市级优质评比一等奖，130多位老师荣获区级以上教学能手荣誉称号。

2008年，全省强力推行素质教育，顺应形势进行改革，更新教育观念，探索学生综合素质培养的新路径。刘和国与各级部领导、团委的同志想思路、出点子，仅仅几年的工夫就在学生综合素质培养方面形成了"六培养六起点"的思路。"六培养"是"良好习惯养成培养、感恩之心培养、爱国情怀培养、意志品质培养、规则意识培养、艺术修养培养"，"六起点"是"学习从生活做起，生活从叠被子做起；感恩从感恩父母做起；爱国从升旗做起；意志品质从跑步做起；规则意识从遵守校规校纪做起；艺术修养从学会欣赏做起"。在学生良好习惯养成方面，提出"学习从生活做起，生活从叠被子做起"，目的是让学生从早晨起床叠被子做起养成良好的生活习惯，一个能天天叠好被子、铺好床的学生，一定会养成良好的自我约束力，从而形成良好的学习习惯。

回顾教师工作，刘和国始终认为作为一名教师，就要坚守教育的责任与使命；作为一名党员干部，就要能够担当、敢于担当，用实干为教育事业做实事。或许在美好的青春时光里，他休息得少了一些，辛劳得多了一些，但他将学生、学校和事业镌刻在内心。他愿意为之坚守，无怨无悔，时刻谨记"人生在勤"，努力做好身边事……

王 萍

用行动诠释"人生在勤"

王萍，中共党员，高级教师，曾担任班主任14年，学校团委书记10年，现任学校工会主席。她深入思考，不辍钻研，曾获济南市高中数学优质课一等奖，是历城区首批名教师；喜欢组织管理，工作求实求新，善于用活动引领体验，促进成长，曾被评为济南市创新技术能手、山东省三八红旗手等。

教育格言

静思乐群，厚德载物。

教育感悟

教育无小事；

教育重时机把握；

教育无为胜有为；

教育就是引出——引出一个人的求真、向善、尚美之心。

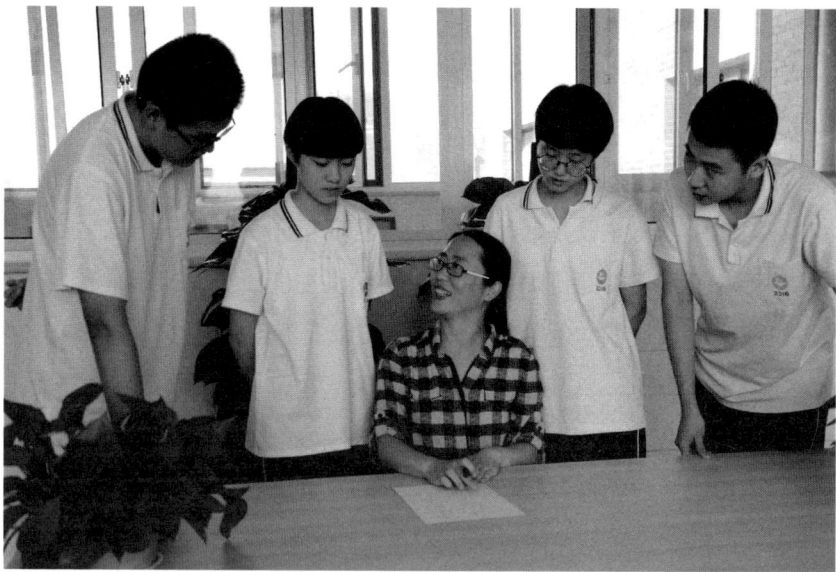

王萍与学生共同探讨数学题

从19岁到43岁，24年的坚守，24年的勤恳付出，历城二中数学老师王萍用24年诠释了"人生在勤"的座右铭。

她忘我工作、倾情付出，教学、业务与管理工作精益求精；她带好队伍、创新思路，团建工作卓有成效。对于教育，她曾这样阐释："我们坚信，在每个人内心深处都有求真、向善、尚美之心。我们的工作就是努力地'引出'，引出学生的求真、向善、尚美之心，引发他们的内在天赋本性。"

"唯一"女班主任在高强度工作中成长

王萍的高中三年是在二中度过的，那三年铭刻在她内心深处的不仅仅是自我的成长，更重要的是老师对她潜移默化的影响。

王萍记忆深刻的是老师们的那种投入与用心。她依然记得崔希远老师总会提前备好几次课，并且在课本上标记得密密麻麻；徐文忠老师在高一新生入校第一次考试结束后，能够清楚地记得学生的名字和出现的问题；侯宝驹老师把英语语法、句子、单词等梳理成体系，以至于学生们在复习时只要看看读书笔记就能掌握得很好……

高中三年是人生的一次转折，王萍被老师们勤奋朴实、精益求精的劲头以及不计得失、默默奉献的精神深深感动，正是这样的精神点燃了她成为一名教师的梦想。大学毕业后，她毅然回到母校，不仅成为一名教师，而且成为一名优秀的班主任。

在历城二中当班主任是非常辛苦的，这项工作不仅是一份脑力活，更是一份体力活。王萍曾经是历城二中唯一的女班主任，工作24年，有14个年头在做班主任，一直从事学生管理工作。每天早上不到6点起床，晚上10点多回家，除了吃饭、睡觉，其余时间几乎都"靠"在班里。因为寄宿制学校的性质，班主任不仅要"管理"好班级，还要担任好"父母"的角色。没有一定的体力，不付出一定的脑力和心力，在二中是做不好一名合格的班主任的。

带高三的时候，王萍总能让学生们感受到她的关爱。老师们5:30下班，高三学生则是6点吃饭，为了让学生们尽快进入学习状态，她总是等到学生们吃完饭回教室、第一节晚自习上了一半的时候才回家，半小时后她又会准时出现在办公室。王萍觉得这段时间非常宝贵，因为同学们只要看到她在，心里就踏实，有问题可以问她，有心里解不开的疙瘩可以找她。在她眼里，每一个学生都是需要雕琢的"玉"。每次考试完毕，她总是一一跟他们谈话，帮着他们分析利弊，从不让任何一个学生掉队。

作为唯一的女班主任，王萍用女性独有的管理艺术征服了学生，并赢得了家长的认可。有一年三八妇女节前夕，王萍要求班里的学生都要给家里打一个电话，都要送母亲一个祝福。母亲节的时候，正赶上家长会，她自己掏钱，买了61枝康乃馨，让班里每一名同学把这份特殊的礼物送给自己的母亲。如果来参加家长会的是父亲，她嘱咐他们一定要把这份礼物和祝福亲自送到母亲那里。很多家长特别

王萍与同事加强教学研究

感动。一枝康乃馨是一个情结，是一份力量，更是爱的凝聚。

春节期间，她回复来自学生的祝福短信时，总是为每一个学生"量身定制"，琪瑶同学的短信是："祝你的人生像你的名字一样，如琪似瑶，美丽无双！"；玉景同学的短信是："愿你未来人生的风景焕发出像玉一样的光彩！"她用心对待学生，赢得了学生们的信赖和支持。

爱的教育成就教学辉煌

每一个人都有梦想，而王萍的梦想就是在她的陪伴下学生们能够健康成长。她觉得自己的付出很值得，看着每一个个性不同的孩子有丁点儿进步，她都会快乐好几天，这就是她幸福生活的源泉。

王萍所带的学生中，有个叫小雪的孩子，有一段时间她觉得生活没有目标，于是找到王萍，提出质疑："老师，你这一辈子就这样过，你不觉得烦，不觉得累吗？"王萍告诉她，人在没有事情做的时候往往会感到烦恼，而一旦投入到工作中去，烦恼就会被快乐替代，劳累就会被动力替代。

王萍对学生付出了全部精力和满腔的爱。她曾经在医院的急症室内，陪伴高烧的学生打点滴而通宵未眠；也因为当时交通并不便利，换乘好几次车赶到王舍人镇宿家村去探望久病的学生。1999年至2007年，王萍每月都从工资中拿出100元钱资助一名家庭困难的学生继续学业。品学兼优但家境贫寒的学生小玉（化名）就是其中之一。在王萍的资助下，她顺利考入大学并获得全额奖学金。王萍始终认为孩子们有梦想，不能因为贫寒让他们失去追逐梦想的机会。

王萍在班级管理方面积累了丰富的经验，探索了学生自主管理、班干部例会、班委轮换制、班级日志等科学管理模式，取得了很好的效果。她所带的47级25班等多届高中毕业班被评为济南市优秀班集体。

简单生活传递正能量

王萍每天的生活很简单，她的着装亦如其人，简单得体。她喜欢这种简

王萍登上全国大赛的舞台

单的生活，既能在工作上活力四射，也能在生活中坦然随性。她有时候自己也调侃，连花钱的时间都没有，但她喜欢把挤出来的时间都用在读书上。她喜欢书香、茶香，正因为她喜欢历久弥新的芬芳，她用读书的方式去反思自我、斟酌细节、弥补不足。"人生在勤"是历城二中的校训，也是王萍的座右铭，她时刻用这句话鞭策自己。她勤学善思，经常钻研教材、研究教法，用心设计每一堂课。她经常会在夜深人静之时思考，而后产生教学上的灵动、班级管理的顿悟，深夜思考成为她的一种习惯，她喜欢用这段宝贵的时间来停一停、想一想，因为她认为人不能总是奔跑，应该有思考的时间。

梁启超说过："人生须知负责任的苦处，才能知道尽责任的乐趣。"王萍敢于担当，乐于助人。担任备课组长期间，她带领成员集体备课，以"同课异构"的形式在组内开展课堂教学研讨，后在全校推广。作为历城区首届名师，为了让更多的年轻教师成长，她成立了自己的工作室，凝聚了更多的智慧和资源。参与"青蓝工程"，一人带两个徒弟，手把手指导青年教师，并推荐他们参加各类教学比赛活动；深入青年教师课堂，一对一找差距。她的节奏很快，总能与青年教师合拍；她的思想朴素，但总能与青年教师一致。她参与指导的宋安帅老师先后荣获山东省、国家级优质课一等奖，姜浩老师执教历城区高三一轮复习研讨课获好评。她主持的国家级实验课题"高中数学教学中学生常见错误归因分析及纠正策略研究"顺利结题。她本人也先后获得济南市高中数学优质课一等奖、济南市骨干教师教学能力大赛一等奖、第八届全国信息技术与课程整合优质课评比高中数学一等奖等。

王萍喜欢课堂，同时，她勇挑学校给她的重担，从不抱怨，总是默默付出，用心做好每一份工作。任学校团委书记十年，她坚持做到了以活动为载体，熏陶渐染，开展了"厚德、励志、博学、成才"大型主题教育活动及感恩教育活动月、爱国教育活动月等一月一主题、一月一活动，将学校德育工作推向深入。她还主持了济南市"十一五"重点课题"新时期高中学生行为习惯养成教育研究"的研究工作，顺利结题，并以它为依托，努力探讨新时期中学生思想教育的规律和内涵，为团建工作提供了依据。

作为工会主席，她很深刻地思考工会工作的责任与职能。工会工作是学校工作的重要组成部分，她给工会工作的定位是"真心实意聚人心"，而服务与团结应该成为推进工作的着力点。于是，她注重"在继承中创新，构建和谐校园"，年年组织"巾帼建功先进个人"等评优树先活动。充分利用教代会、聘请专家做报告等形式对教师进行文化熏染，引领教师精神成长。她关心关注教职员工的生活，协助办好学校托管园，邀请健康专家、心理专家对教师进行培训，连续十年组织教职工子女高三生与新大学生座谈会，为他们相互学习、更好地成长搭建了平台。

2018年8月底，历城二中搬到新校区，她在感受新校园的美丽的同时也在思考如何延续一种内涵之美。作为一个老二中人，她始终认为"勤文化"是二中发展之根本，而教师真正的成长需要自我加压与勤勉。她愿意与老师们一起，带着对教育的热爱，继续为新二中努力奋进！

级部管理的领头羊：晨昏间奏响教育赞歌

陈国强

中共党员，高级教师，现任副校长、级部负责人。曾被评为济南市优秀教师、济南市优秀德育工作者等。

田庆民

中共党员，高级教师，现任副校长、级部负责人，济南市中学化学教学研究委员会常务副会长。曾被评为济南市优秀教师、济南市优秀班主任、济南市优秀青年教师、历城区教书育人先进个人、历城区优秀共产党员、历城区师德标兵等，曾被授予济南市三等功。

教育格言

教育植根于爱，欣赏学生的优点，善待别人的缺点，尊重学生的秘密，快乐自我的人生。

教育感悟

教育本身是有灵魂旳，教育的灵魂是引领，一种精神上的引领。这种引领意味着，一棵树摇动另一棵树，一朵云推动另一朵云，一个灵魂唤醒另一个灵魂。有灵魂旳教育，有爱的教育才会走进学生的内心世界。

教育格言

成功就是简单的事情重复做。

教育感悟

自己没有高深的理论，有的是一颗忠诚于教育的真心；自己没有惊人的成绩，有的是不忘初心身体力行的付出。着眼于"昨夜西风凋碧树。独上高楼，望尽天涯路"；行动中"衣带渐宽终不悔，为伊消得人憔悴"；嘱未来"众里寻他千百度，回头蓦见，那人正在灯火阑珊处"。

王春刚

中共党员,高级教师,现任政教处主任、级部负责人。曾被评为济南市优秀班主任、历城区优秀教师、历城区教学能手、历城区名班主任等,所带班级3次被评为济南市优秀班集体。

教育格言

教育学生,从爱出发,爱是一种特持久而深刻的感情。

教育感悟

好的课堂应该是让学生课前有一种期待,课中有一种满足,课后有一种留恋。以人为本,是一切教育的出发点。

岳善华

中共党员,高级教师,现任教导处主任、奥赛部负责人。曾被评为济南市优秀教师、历城区优秀班主任、历城区教学能手等。

教育格言

把教育当作事业来做,甘当学生成长的铺路石、学生腾飞的引擎器。

教育感悟

如果带着对学生的爱工作,那么在工作中体验到的就是幸福和快乐。快乐工作,享受生活。

级部管理工作，是一个烦琐但需细致、常规，又需创新、平凡而又充满教育智慧的系统工程。作为一个优秀的级部负责人，既要有吃苦的精神，又要讲究方法、创新管理，因为他们是承上启下的枢纽，是学校改革发展可依靠的重要推动力量，而思考力、执行力、创造力、奉献精神等也是级部负责人所应具备的素质。

高一、高二、高三和奥赛部四位"领头羊"对于管理的思考、教育的理解源于一份情怀、一种追求，他们在平凡的工作中创造不平凡的自己，彰显了他们对生命的尊重、对职业的恪守以及爱的延续。在他们分享的教育智慧与经验做法中，可以看到四位教育人的工作轨迹。

1. 在纷杂的级部管理工作中，级部管理者应该具备怎样的素质？

陈国强：格局、沟通、规划、执行力。

年级工作千头万绪，面对1800名学生、几千名家长和上百名老师，既要协调好各方关系，又要形成教育合力。年级领导首先要有格局，做到心胸开阔，一切服务于学生、服务于老师。既要贯彻学校整体发展思想和领导指示，又要让学生和老师明白学校跨越式发展中的高站位和前瞻性，让他们理解并按学校的管理规章制度执行学校发展的顶层设计。

作为级部第一责任人，我必须做到高度执行。这一方面他认为要向李校长学习，做到不打折扣，确保今日事今日毕。此外，要优化管理的细节，在常规管理中创新管理方法。

管理者要把优秀当作习惯，不断追求卓越。要强化学习，提高自己的管理水平。要给师生搭好台，让学生和老师通过展现自己的实力、能力，发现自己的价值。

田庆民：视野、心胸、担当、付出、执行力。

年级主任是学校发展的重要基石，年级主任的视野、心胸和担当决定着一个年级的走向，进而决定学校的成长高度。级部管理是基层管理和高层规划的结合，需要年级主任无私的付出和超强的执行力。

宽严相济，合作共赢。年级主任要有超强的合作意识，要发扬民主，与年级其他管理者群策群力。与班主任、备课组长密切合作，能善于处理与任课教师之间的关系，做到宽严相济，学会换位思考。

坚守理念，创新发展。历城二中建校60年，形成了独特的文化和传统，年级主任必须坚守规章和制度。当然，也不能墨守成规，要具有敏锐的洞察力和与时俱进的创新力。

身体力行，甘于奉献。一个合格的年级主任需要有奉献精神，要有忠诚于党的教育事业的情怀，有身体力行的带头精神。年级主任就是一个"管家"，必要时要会分担教导主任的活、后勤主任的活、保卫的活、技术层面的活，要成为全才。

细节落实，超强执行。时刻保持清醒的头脑，事无巨细，全面落实，必须有布置有检查。对于学校的工作和各种安排，以及牵扯家长、学生、社会的各种工作，年级主任都要迅速做出反应，应具备超强的执行力，做到今日事今日毕。

王春刚：政治素养、人格素养、能力素质。

政治素养是前提。要有坚定的政治立场，提高政治站位。总结性评估工作是大事，在大是大非面前不能含糊，在原则问题上绝对服从大局，做到令行禁止。

人格素养是关键。干部要人品端正、作风正派。好干部必须是好人，胸怀大局，事业至上，不计较个人得失，大事讲原则，小事讲风格，人格素养很重要。

能力素质是根本。工作要勤奋，必须有责任心，还要在常规工作中不断创新，不断提高能力。

岳善华：野心、理想、沟通、敬业、实事求是。

管理好一个团队，管理者应该有发展学校的长远眼光。要善于用长远眼光对接科学规划和顶层设计，谋划打造发展的支撑点。

沟通和协调能力。能够让一个团队为了共同的理想一起奋斗并非易事，很多时候良好的沟通和协调是解决问题的关键。

敬业精神。爱岗敬业是教师职业道德中一个显著特点，管理者更应以身作则，应为教师和学生做出表率。

实事求是。只有实事求是，多征求意见，多反复论证，才能找出适合自己的道路并谋求最好的发展。

2. 级部管理工作的重点和难点有哪些？

陈国强：常规管理。

级部管理的重点、难点主要是常规管理，因为学生德育、纪律、卫生、学习等方面总会出现反复情况。作为管理者，必须有打持久战的思想准备。做学生工作不可能一蹴而就，也不可能一劳永逸，必须做到抓反复、反复抓。

田庆民：规范执行学校任何工作安排。

级部管理工作千头万绪，能够在管理过程中规范执行学校的任何工作安排，这一点非常重要。

教师的综合素养、教学理念、工作风格、奉献精神需要年级工作引导和要求。以教学常规为例，如果没有规范的集体备课，年轻老师的成长就会受到制约；如果没有课堂教学的常规要求，部分老师就可能出现教学效率低下的问题；如果没有教师在早晚自习、周末课下的辅导，学生的疑问就不能及时得到解决；如果没有各种考试和阅卷，学生就不会从错误中得到提升。为此，我们创造性地调整传统的集体备课制度，将一周双备改为一课一研，每天都安排一节课进行集体备课，保证了集体备课的时效性。引入在线教育平台，从而确保了用大数据分析学生的优缺点，引导学生进行微课学习，提高了教学效率。

再从学生角度看，规范的要求——礼仪规范、纪律规范、学习规范、午休晚休规范等各类规范都是为了让学生养成好习惯。

王春刚：*以人为本，充分调动师生积极性和创造性。*

年级工作的核心是人的工作，即教师和学生的工作。

师生的积极性能否被调动起来、潜能能否被激发出来，是年级管理工作的重点和难点。教学质量是学校赖以生存的生命线，而教师是教学工作和管理工作的落实者。通过抓备课组，推动教师队伍建设和学科教学质量的提升，通过抓班主任队伍建设，强化年级管理，优化班级管理效益。

岳善华：*关注学生思维培养，调动学生积极性，尊重是前提。*

奥赛课程的学习时间紧、任务重，只能利用学生的课外活动时间和假期时间，由此带来的学生思想的调整和学习积极性的激发成为关键点。

对于奥赛学生，每个学科的学习方式有所区别，每个教练的教学方式各具特色，每个学科学生的性格也不一样，因此在统一严格管理的基础上要充分尊重教练和孩子，有所区别地面对学生。另外奥赛生在校的时间长，学科种类多，每个环节的管理略显零碎，确保每一个环节管理都到位，确实难度较大。

3. 回顾自己的管理工作，有哪些好的做法可以延续和推广？

陈国强：*按教育规律办事。*

树立大格局。从自己的管理工作中，充分认识并坚决做到年级工作和学校整体工作相辅相成。年级工作必须做到不盲从、个随波逐流、不折腾。学会坚守，学会借鉴，学会创新。

严格按照教育规律办事，按照高中不同学段发展的层次制订详细计划。从高一看高三，从入校看高考。

田庆民：*形成自己的管理风格。*

回顾18年的年级管理工作，我认为形成自己的管理风格是非常必要的。

过去经验不足，对于学生的成长并没有用最有效的手段去进行指导。后来，通过个人总结和经验积累，把握好年级管理工作中"管"和"理"的关系，形成了自己的一套管理思路。管理体系中的核心是"四成教育"——成长、成人、成才、成功，在这个核心思想引领下，通过规范的管理让学生们认识到唯有规范会铸就成功。

在每一次年级学生会上都会确定学生成长主题，比如确定坚持、爱国、感恩、追梦、规范、尊重等各类有利于学生成长的主题和分享，通过故事、音频、视频等多种呈现方式让学生感悟成长过程。通过常规的活动比如礼仪检查、唱课前一支歌、收看《新闻联播》、周六看电影、听老科学家作报告、创新升国旗仪式、辛弃疾故居采风、寻找身边榜样等活动让学生感受学校文化，通过"三入"活动（入室即静、入座即学、入学即专）、"四风"建设活动（班风、学风、考风、校风）、规范月活动、控制"三闲"活动（闲话、闲事、闲思）等让学生明确规范自己方能成就自己，通过60华里远足祭奠先烈、国家公祭日祭奠、十八岁成人礼等活动让学生懂得感恩和爱国……

王春刚：年级管理工作"一二三四五"。

（1）坚持"一个中心"，即以提高教学质量为中心。

（2）要抓好"二个支撑点"，即备课组和班主任工作。

（3）要全面抓好"三个方面"，即德、智、体。

"德"要围绕五个方面：一是人生观、价值观的引导教育，让学生懂得"做一个什么样的人"；二是生活、学习和行为三个习惯的养成教育；三是班主任队伍的建设；四是学生自主、自立、自制三种能力的培养；五是努力取得家长和社会的支持、配合的德育合力构建。

"智"，即围绕教学质量，狠抓学生的文化课成绩和学科素养提升。"体"，即培养学生健康的体魄。体育课和课间跑步以及眼保健操等活动要组织到位，确保体育活动安全、有序、高效。

（4）要处理好四种关系。

即年级与处室的关系，年级与教师的关系，年级与家长的关系，及教师与学生的关系。

（5）要体现"五字要求"：严、细、实、活、新。

"严"，即工作要求要严格，工作纪律要严明，工作作风要严谨；"细"，即注重细节管理，力求对每个教师、每个班级、每个方面、每个环节都能做到胸中有数、指导有方；"实"，即年级组长、班主任、老师每个环节工作要落到实处，不做表面工作，不喊大话空话；"活"，即工作要灵活，讲究工作艺术；"新"，即年级管理不仅是上传下达，执行学校和处室布置的工作，而且要注重主动、开拓与创新性，动脑筋、想办法，落实中心任务。

岳善华：凡事预则立，不预则废。

凡事预则立，不预则废。通过制定学生管理标准，让学生知道怎么做才是最好的，怎么做才是有利于成长的，所以每个学期初都会集中开会，目的是统一思想。

抓好学科团队的负责人培养与管理，调动好他们的积极性，做好这项工作从某种程度上讲，就是调动了一个团队的积极性。

发挥优秀学生的引领作用。每年高三结束，都邀请优秀毕业生，尤其是在全国决赛获奖的学生指导下一级学生，协助教练完成任务。

4. 带级部 虽然辛苦劳累，但是有很多的收获和感悟，请结合管理实际，谈谈自己的感悟。

陈国强：感恩、回馈。

年级工作繁忙是常态，但是作为学校领导，能为学校发展贡献力量是自己应尽的义务，让更多的学生有更高的发展平台也是自己的责任与使命。得到学生、家长的赞誉和同事的认可，自己就会有成就感和自豪感，更多的是欣慰。

田庆民：无悔付出，享受工作。

带级部确实非常累，18年来，我也经历了很多事情。孩子小的时候，我没有时间去照顾；工作忙的时候，我将整个家庭都忽略了；父亲癌症患病期间，我也没能照顾得上。但好在这些都已经过去，家人的理解和支持让我更加坚定了做好教育工作的信念。

随着管理经验的丰富，我越来越享受这份工作。当众多的家长和孩子感恩历城二中，感谢我们的付出，尤其是很多学生毕业离开的时候，会过来向我道谢，我想我们送出去的学生都是带着感恩的心走进新的环境去生活和成长，我相信将来他们踏入社会，一定都能成为祖国的栋梁！

王春刚：形成级部凝聚力，为师生服好务。

年级主任在做好学校和级部工作的执行者的同时，也要有自己的特色，因为我们不仅仅是学校政策的传达者，更需要年级老师的支持。

在工作过程中，在不违背大原则的前提下，在同样可以完成工作的前提下，应该尽量为老师着想，避免无谓地增大工作量。

凝聚力是最重要的，作为年级主任应该以身作则、率先垂范，在大家心目中，应该是正直无私、值得信赖、值得尊重的，只有这样才能形成凝聚力。

岳善华：累并幸福着。

在为了梦想奋斗的过程中，那些别人眼中的累反而是我们自己心中的幸福。水不激不跃，人不激不奋。当我们的学生站在国家级领奖台上，当我们的学生成为国家的栋梁之材，回忆他们的每一次挑战，每一次经历，都让我感到深深的骄傲和自豪。

5. 社会发展日新月异，对级部管理有怎样的挑战？如何应对这些挑战？

陈国强：以新思想、新姿态迎接学校新发展。

社会发展日新月异，学校发展也迎来新机遇。搬迁新校区、校庆都是学校发展的大事和喜事，面对新机遇、新挑战，作为管理者更应当顺势而为，为学校更好更快发展做出更大的努力。

团结班子成员，强化班子执行力。提高学习意识，提升管理水平。面对新形势、新高考要早计划，做好年级发展规划。加强交流，借鉴先进经验。常规管理是根基，学生自主管理自主学习是关键。创新德育教育，真正践行"为每一个学生搭建发展阶梯"的办学理念。

田庆民：肩负责任，不负使命。

社会发展日新月异，国家发展势头喜人，尤其是山东省成为2017年全国高考综合改革第二批试点省份，这带给了我们新的挑战，但同时也带来了新的机遇。

作为级部主任，无论理论层面还是实践层面，始终坚持学习，理清思路和方向，做好决策和规划。

我深切感受到级部管理和教育教学必须跟上国家改革的步伐，中国人从站起来到富起来到强起来，对人才的需求如饥似渴，高中作为培养人才的关键时段，必须肩负起时代赋予的责任，为高校输送更多具有学科特长和创新潜质的人才，为国家的人才资源库增添更多的元素，为实现中华民族伟大复兴的中国梦贡献自己的力量。

王春刚：让师生健康发展。

级部管理的最大目标是让师生健康发展。

年级管理者要始终站在全局的角度去思考问题。年级管理者在施行管理决策前，不仅要看到现在，还要看到过去和未来，以及所产生的决策影响等。所以，年级管理者要善于解读表层下面的意义，这样才能提出更好的工作思路。

在做任何决定的时候，要以人为本，多重考虑：为什么这样做？还有没有更好的办法？学校在这方面有没有规定？为什么老师和学生不按规定做？是不是年级规定不符合实际？其他人对于这件事情的看法是怎么样？这个决定对全局会产生什么不良影响？等等。

岳善华：人才培养从现在开始。

面临新高考背景下人才培养与选拔的机遇和挑战，二中要按照国家拔尖创新人才战略来培养学生，但由于师资有限，我们必须克服各种困难，满足学生发展的需求，不断改革创新，为更多的孩子创设发展的条件、搭建发展的舞台。

在充分利用校内资源的情况下，不断挖掘社会资源，实现教育资源的有效整合，为孩子提供更好的教育。适时引进现代化的智能教育手段，增加学生学习的机会和渠道。进一步培养师资，创造环境，搭建平台，让更多优秀的老师加入到这支队伍中来。

第二辑 ▶ **奥赛教练**

　　奥赛之路异常艰辛,社会、家庭、学生给予的关注与期望超越奥赛本身。大家惊喜于每一枚奖牌的光鲜成绩,而背后到底要经历怎样的历程,常人很难理解和想象,唯有参与者才懂得其中之辛酸。那些带领学子们登上学科巅峰的教练们深深懂得,唯有在岁月中不畏艰难、耐得住寂寞,才能坚守住阵地、静待花开。

国际数学奥赛金牌教练苗斌

三十年坚守做好一件事

教育格言

得天下英才而教育之是人生一大乐事。

教育感悟

用欣赏的眼光看学生，用宽容的心态面对学生。

苗斌，高级教师，国际数学奥赛金牌教练。1984年毕业于济南师范专科学校数学系，1984年7月至今一直工作在历城二中，从事高中数学教学和奥数培训。2001年被评为首届历城区教学能手，历城区骨干教师。2008年被聘为济南市高中数学中心组成员。2008年从事奥数辅导工作，十多名同学获得全国数学联赛一等奖，多名同学被清华大学、北京大学、浙江大学、中国科技大学等名校录取，被授予全国高中数学联赛优秀教练员称号。辅导的齐仁睿同学在2013年中国数学奥林匹克比赛中获得金牌，在2014年第55届国际数学奥林匹克比赛中为中国队获得一枚金牌，并被保送到清华大学数学实验班。2018年辅导的欧瑜同学夺得中国数学奥林匹克竞赛金牌。

在历城二中的很多老师眼中，苗斌老师比实际年龄要年轻得多，探其原因，就是他拥有超级好的心态，并且他一直坚持做自己喜欢的事。他热爱数学，能够坚持30多年而且心无旁骛地做好这一件事。

爱并快乐着

苗斌老师1984年7月来到历城二中，一直从事高中数学教学工作至今。他特别欣赏著名数学家陈省身教授所言的"数学好玩"这句话，他也特别敬重北京大学数学院士张恭庆教授所说的："世界强国一定是数学强国。"

于是，在数学世界中找乐，在精神世界中成就他人、快乐自己成为苗老师的人生追求。他没有给自己定很高的标准，就是希望自己能够教好数学，让学生喜欢自己。

在工作中他严格要求自己。为了提高自己的业务水平，他做了大量习题，无数个夜晚他都在埋头钻研并享受着数学带给他的乐趣。他更希望学生能够从数学的角度在生活中解决问题。他深入学生，从学生角度反思自我，不断去调整自己的教学过程。在双方的互动与交流过程中，他走入学生内心，深受学生好评。他所教的学生高考成绩一直名列前茅。他为历城二中数学组的发展做出了巨大贡献。2001年10月，因为历城二中在近几年的高考中成绩突出，济南市数学教研室在历城二中举行了全市公开课活动，全市高三数学老师到二中听课，每一名二中高三数学老师都讲了一节优质课，历城二中数学组的工作态度和成绩受到同行的高度称赞。

怀着对数学的尊重与热爱，苗老师积累了很多有价值的资料，加上他善于整理与研究，有多篇论文获得济南市优秀论文一等奖，并且参加了一些图书的编写工作。

排除万难，迎接挑战，打开数学奥赛之门

2008年，学校成立数学奥赛队，需要一位奥赛教练来做这项工作。当时学校这片领域还是空白，苗斌老师完全可以拒绝这项高风险的挑战性工作，

苗斌与全国数学奥赛金牌弟子欧瑜合影

但是为了学校发展，怀揣着对数学的热爱与痴迷，他毅然从原来熟悉的高考数学教学转到自己并不熟悉的数学奥赛领域。

数学奥赛是数学创造性思维的比赛，与平时的数学教学截然不同。奥赛辅导对教练的素质和能力有较高的要求，需要他们付出常人所意想不到的精力。在工作了24年后，他克服重重困难，重新学习大学的数论、组合数学等知识，做了大量习题，参加了很多次培训，有时候解答一道题需要几天甚至更长的时间，经常废寝忘食。2011年，苗老师辅导的学生刘世军获得全国高中数学联赛一等奖、山东省第六名，被保送到浙江大学秋实班。刘世军在外地培训期间还经常打电话和苗老师进行讨论。苗老师常说："与学生在一起是共同进步的过程。"苗老师的付出渐有收获：2013年1月，在沈阳举办的第28届中国数学奥林匹克竞赛中，齐仁睿获得CMO银牌。2013年，李念实和齐仁睿获得全国高中数学联赛一等奖，并双双入选山东省冬令营（冬令营共9人），同年12月，在南京举行的第29届中国数学奥林匹克竞赛中，李念实获得CMO银牌、山东省第三名，被清华大学计算机系录取；齐仁睿同学获得CMO金牌，入选国家集训队，被保送到清华大学数学系学堂班。2014年7月在南非开普敦举办的第55届国际数学奥林匹克竞赛中，齐仁睿同学获得IMO金牌，名列世界第十五名，中国队第三名。2017年，尹麒龙同学获得中国数学奥林匹克竞赛铜牌，杨诺彤同学获得中国女子数学奥林匹克金牌。2016年，欧瑜来到了二中，跟随苗老师学习数学，每周两天都在苗老师的陪伴指导下学习数学。在生活上，苗老师对他关心备至；在学习上，根据欧瑜学习能力强，但是遇到难题易退缩的特点，苗老师制定阶段性的目标，使他体会成功的快乐，同时给他讲述其他优秀学生的成功经验；根据他的知识结构，安排他参加相应的培训。经过两年的磨炼，欧瑜同学在2018年中国数学奥林匹克比赛中获得金牌。

"父亲"胸怀成就国际金牌

在数学的世界中，齐仁睿无疑是具备天赋的，但仅凭天赋是不可能获得国际金牌的，他的成功与苗斌老师亲如父亲的陪伴是分不开的。

齐仁睿2011年9月入学，在10月份举行的比赛中仅仅获得二等奖。通过这次考试，苗老师分析了他的知识结构和存在的问题。之前他对解析几何不感兴趣，苗老师就把最近几年高考、竞赛中的有关试题一一讲给他听。巧妙的解法让他逐渐提起兴趣，他通过反复练习，尝到了解决解析几何题目的快乐。

像齐仁睿这样有数学天赋的孩子，大脑聪明，感受却和常人不同，对于自己感兴趣的内容无论怎么学也不烦，自己不感兴趣的内容很抵触。像前面提到的几何问题，苗老师需要"哄"着他学，学上一段时间就要给予奖励，奖励其实是让他学一会儿数论或者玩一会儿游戏，或者陪他看电影。他对数学和游戏都非常痴迷，必须控制好时间，所以几乎每天晚上苗老师都要送他回去，路上交流学习的感受，也会讨论一些小游戏。

作为一个高中生，齐仁睿宁愿研究数学也不愿参加同学之间的体育活动。为了让他锻炼身体，苗老师经常和他一起打羽毛球、乒乓球等，在打球的过程中教育他怎样和他人合作。

齐仁睿的目标是冲击国际金牌，要想具备这样的实力，必须要提升数学视野，阅读一些英文原版的教科书。作为教练，苗老师能做的就是引导并为孩子提供生活和学习上的帮助。当然，欣赏学生也很重要。齐仁睿自己从网上看英文原版教材时，只要发现了新问题或有了新想法，都会兴奋不已，这时苗斌都会作为倾听者，听齐仁睿讲感受、讲困惑。师徒二人会在半夜通电话，一聊就是一两个小时。

前中国数学奥委会主任裘宗沪教授对齐仁睿说："你们创造了纪录，从来没有像你们这样的学校取得这样的成绩，实在了不起！"

大家眼中的苗斌

苗老师对待教学踏实睿智，再难的题目也能迎刃而解。对待学生如同对待孩子一样，关心他们的身体健康、心情好坏。对待同事随和亲切，一点也没有架子，可见苗老师有着善良真诚的心。对待名利，如同过眼云烟，老挂在嘴边的一句话就是，这些年就是做题了，做题挺快乐的。这就是我们最最亲爱的苗老师！

——宋安帅

他像温暖的太阳，照到哪里哪里亮。进教室，带给学生的是乐观、智慧、期待、启迪，不断创新，成就别人！在竞赛方面，他潜心钻研、苦求真理，最终独领风骚。对同事，他热心真诚、助人为乐。对学生的学习、生活和心理全方位关注。总之他是一个智慧的有亲和力和高品位的高师、名师和大师！

——李申红

苗老师上课诙谐有趣，他善于用最凝练的语言将复杂难于理解的过程公式清晰、明确地表达出来，让我们体会到推理的魅力。苗老师亦师亦父，桃李不言，下自成蹊，是我们心中的"苗大神"。

——韩托

30多年的坚守，没有光彩的荣誉称号，只有默默无闻、踏踏实实的平凡付出，他用这种平凡赢得了师生的爱戴与尊重。作为一名数学教师，工作面前他服从大局，涉入数学奥赛这一全新领域；为了学生，他放弃了无数休闲时光，遨游书海、钻研题海，完成了从一名数学老师到一名国际数学金牌教练的转变。教育的真谛是爱与责任，他用耐心、恒心、爱心，让他的每一个学生在爱的滋润下快乐成长，他就是我们敬爱的苗斌老师。

——张治国

国际生物奥赛金牌教练宋士见

把科学态度和精神还给学生

宋士见，高级教师，国际生物奥赛金牌教练。曾获中南六省区全国课堂教学大赛高中组第一名，先后被评为山东省优秀教师、济南市先进工作者、历城区专业技术拔尖人才、学校杰出贡献教师。从事奥赛辅导多年，倡导四个和谐发展体系，为学生搭建了特色发展、和谐提升、塑造人格的幸福平台，辅导的学生获得国际金牌2枚、全国金牌17枚、银牌5枚，其中有21人通过保送或高考加分进入北京大学、清华大学深造。

教育格言

做学生生命中的贵人。

教育感悟

教育需要良知、良心。心诚则灵。

教育要有敬畏之心。啥都不怕，其实最可怕。

我们能够给予学生的：播散一缕阳光，平添一份感动，提供一个支点，创设一个平台，指出一片天空，孕育一种底蕴，浩养一种精神，增强一种意识。

让知识有颜色、有味道、有温度

宋士见喜欢教师这个职业，于是他潜心从教、勤于钻研，为学生搭建成长的阶梯。他认为，教学就是以获取知识为渠道，以不断感悟和改进学生的学习方式方法为主旋律，以锻造品质、触及灵魂为重心，从而最终达到学生自我规划和自我实现。于是，他把教学理念定位于让学生触摸知识、亲近知识，眼看、手摸、耳闻、心想、口说，让知识变得有颜色、有味道、有温度。

由于一直坚守教学第一线，宋士见形成了自己的独特教学风格，并经过不断的探索与研究，自主构建了"三三四四"生物教学模式，成为全国教学改革的典型并在全省推广，他本人获中南六省区全国课堂教学大赛高中组第一名，其"新陈代谢与ATP的探究实验"被收入人教版高中生物教材。

他的"三三四四"生物教学模式，以"定向—探究—反馈"为教学三步骤，以"知识、教学、情意(人格培养)"为教学三条线索，带领学生跨越"知识关、方法关、心理关、人品关"四道关，在"自知、自智、自志、自治"四个层面进行个性化指导。

谈起创建该模式的初衷，宋士见表示，教师应该是思考者、实践者、批判者、觉悟者，也是学生成长的助益者、见证者，更是师生共同成长的创设者和享受者。他给学生讲得最多的是：先成长后成功，

辅导的学生赵峻峰获得国际生物奥赛金牌，被保送北京大学。

学习不仅是知识的获取，也是诀窍的感悟，更是内在世界的不断强大和丰盈。

写就60万字生物竞赛金牌笔记

宋士见给同行讲得最多的是，关注知识不如关注智力，关注智力不如关注灵魂。

在16年的生物学奥林匹克竞赛辅导中，他将现代素质教育理念与中国传统教育思想有机结合，创建"竞赛辅导与高中生物教学和谐、非智力因素与智力因素和谐、育人主体与育人环境和谐、科学与生活和谐"四个和谐发展体系，彻底打破了功利化的辅导模式，将竞赛辅导变成特色发展、素养提升、人格锻造的幸福平台。

从事生物奥赛教练以来，他自学了最新的相关专业研究生课程，涉及14科7个方向。虽然每个科目都有多个版本，多的有五六个，但是他都一一做比较。现在，他积累的文档笔记达到上千万字，手记笔记有400多万字，先后在

辅导的学生孙楚（左2）获得国际生物奥赛金牌，被保送北京大学。

相关核心期刊上发表了6篇论文，被上千名作者引为参考文献。2012年，由他负责的省级社科类规划项目课题"生物竞赛对我省生物教育推动作用研究"顺利完成并结题。他还完成了《生物竞赛金牌笔记》初稿，60余万字，即将出版。

由于总是熬夜写东西，他佩戴的眼镜从400度增至900度。"要给学生一杯水，教师就要有一桶水。教师要靠自己的实力吸引学生，让学生信服。"宋士见说。

另外，宋士见还将哲学思想引入教学与辅导，对"《易经》思维、儒学思想运用于新时代学科教学和育人"和"百年诺贝尔奖与中学生物教学"两个课题的研究已经进行了8年，"启迪思维、开阔视野、热爱科学、激发热情、陶冶情操、着眼未来、关注生活"是这两个课题总的指导思想。

放弃百万年薪，只想做教书匠

在2013年第22届全国中学生生物学奥林匹克比赛中，宋士见辅导的学生勇夺5金1银，这在全国知名中学和全国生物学竞赛辅导老师中绝无仅有，被全国同行称为奇迹。有了这些荣誉及成绩，无论走到哪里，他都是个备受欢迎的人。曾经有人用百万年薪聘请他，也有人请他去做辅导报告，仅出场费就是几万元，但这些都被他一一回绝了。

"我做奥赛辅导的出发点和归宿，就是要给孩子们搭建更好的学习与发展平台。做一个教书匠挺好，过分看重钱就没法做一个真正的老师了。"宋士见说。

当老师，他把学科教学做到了极致；做辅导，他把学生培养成顶尖优秀人才。这一切都源于宋士见对教育事业和对学生的热爱。他始终认为要想干成点事儿，就要坐得住屁股、稳得住情绪、忍得住清苦、耐得住寂寞、经得住孤独。

每天早上6：30到校，晚上10：00回家，学校因为他超强度的工作负荷，允许他可以弹性调整工作时间，但他从没有用过这一"特权"。每年除了春节假期前后不到十天时间外,他几乎放弃了所有假期。寒暑假,他更要投身于生物奥赛的培训和选拔工作。母亲病重,他不能在身边陪护;爱人工伤,他却忙碌在全国决赛现场。他在教师会上说过:"善行无辙迹,身忙心得安。就像苦丁茶,外边是苦的,心里却是甜的。"

作为一名男教师,宋士见对孩子们的那份爱却胜似母亲,带给了爱徒们能量与力量。曾经获得国际生物奥赛金牌的赵峻峰是一个农村孩子,当年保送北京大学后,回校看老师时带的礼物就是一袋小米。就是这一件最普通的礼物,宋士见却经常挂在嘴边。

宋士见认为孩子不容易,父母更不容易,他们成材就是给自己最好的礼物。

自己当"活体"让学生实验

为做好生物学实验,学校方圆50公里的农田、草丛、垃圾堆、臭水沟都留下了宋士见的身影。刺扎过,虫咬过,蜂叮过……手臂上留下了很多永难消失的疤痕。为了让学生更加直观地了解探究实验,在用肉丝、活鸡实验失败后,他把ATP注射在自己胳膊上,让学生永远记住了什么是科学精神。

他希望自己所从事的事业能够让更多的孩子受益。于是,他在很多学校做无偿辅导与讲座。他甘做老师们的领路人,手把手指导,带了刘芳林、于忠勇等5个徒弟。

有时候,妻子会抱怨宋士见"没有家的概念,整天做甩手掌柜",可他却说,是李新生校长的爱校如家感染着他,是每一位班主任的爱生如子感动着他,让他抛开一切私心杂念努力做好本职工作。

心中有梦,才有动力。虽然已是知天命的年纪,宋士见看起来依然很年轻。微笑成了他每天的"招牌"。

宋老师先进的教学理念、高效的教学方法和独具魅力的教学风格,影响和带动了很多老师,大家无不为他默默付出、不求回报的精神所感动。他一直在用科学良知和爱国信念做研究、做探索,他在给老师们所作的报告中说:

学生在第二十二届全国生物学竞赛中获得5金1银，图为金牌得主与教练
宋士见老师合影。

"也许世界很大，但真正能带给我归属感和幸福感的只有我这一亩三分地。播
种、耕耘、收获，这个过程有辛苦，有压力，甚至有遗憾，但丝毫不能动摇
我对此的坚守。我希望自己能够在这个领域中培养出更多优秀的孩子，能够
为祖国生物学的发展储备更多的人才。"

全国奥赛金牌教练刘红梅

"红梅" 绽放奥赛场

刘红梅，化学专业研究生，九三学社社员。2009年调入历城二中，全国为数不多的女性奥赛教练之一，辅导的学生获得全国金牌13枚、银牌15枚，省赛区一等奖77人次。曾被评为全国化学奥赛优秀辅导教师、济南市三八红旗手标兵、济南市十佳教师、历城区教书育人先进个人等。

教育格言

化学不曾完美，化学工作者追求完美。

教育感悟

用我专一、专心、专业的教学理念，引领更多的孩子热爱化学、投身化学、贡献化学。

有人说，有个性的老师必有过人之处。用刘红梅自己的话来说，就是她这个人比较"犟"，但凡她认准的事情，不会轻易放弃。凭借这股"犟劲"，她构建了科学有效的化学奥赛辅导模式；凭借这种"犟劲"，她从不把困难与挫折当回事；凭借这份"犟劲"，她淡定且真实地行走在教育路上。她做到了宠辱不惊、坚守自我，与她的学生们在化学的探究中自得其乐。

化学课采用双语教学，把英语作为工作语言

刘红梅大学学的是化学专业，因为兴趣，她辅修了英语和哲学。读本科时，她文献检索能力得到公认，那时她已经能够查阅英文版的专业资料。本来是为爱人做服务工作，只因为随手翻看了爱人的考研资料，她便决定考研，被母校化学专业录取。有了这段经历，她的专业英语可以说是得心应手。

作为奥赛教练，浏览英文网站或阅读专业英文著作已经成为她的必修课。她经常做的事情就是浏览国外的专业网站，经常查阅最新的国内外专业学术研究近况，掌握最前沿的学科学术发展动态。她认为国外的学术发展机制较好，总能在第一时间看到新成果。而且她发现，阅读原版资料比翻译版资料理解得要更透彻，有时候翻译版资料理解起来比较困难。于是，她在选拔学生时，具备英语素养是一个基本条件。

她独有的教学辅导模式为学生打开了一扇窗口。只要来到她的门下，进名校已经不再是学生们考虑的事情，他们更多考虑的是要留下来，就必须跟上她的节奏。第一步，就是要适应她独特的双语教学辅导模式。

据刘红梅老师介绍，来她兴趣小组的学生要过的第一关就是英语关。她授课时，课件是英语原版；考试时，试卷以专业英语为主。高一这一年，如果学生能跟上她的节奏，一般英语词汇量要达到10000个。她的学生常用到的教材有很多是国外的原版教材。学生到了高二，基本能自己阅读国外原版教材和资料。刘老师认为，英语是她的"工作语言"，对优秀学生而言，应该是他们的"工具语言"。像北大元培学院、山大泰山学堂等大学实验班都基本采用双语教学，如果学生在高中具备了这种素养，就能很快适应大学学习和生活。

2018年12月，刘红梅的四名学生在全国化学奥赛中获得3金1银，均被北京大学录取。

刘老师带过的学生英语都特别棒，像47级获得省赛区二等奖的朱晓明同学最终以英语147分的成绩考入香港科技大学。而参加全国化学奥赛摘得金牌的李朝晖（保送清华大学）和窦鹏飞（保送北京大学）两位同学认为，刘老师的这种双语教学应用性强，能把他们带入到真实的化学情景中去探索和研究，他们在刘老师的指导下，能接触最前沿的化学信息，整个学习过程都非常幸福。

坚持一生就做好一件事

"三九严寒何所惧，一片丹心向阳开。"红梅花儿绽放时是如此执着与刚强，与刘红梅老师坚持"一生做好一件事"是如此贴切。在谈到化学奥赛时，刘红梅说："一个老师，一所学校，如果把奥赛当成功利场，其认识和做法都是浅显的，也必然不会长久。"

很多人都认为学奥赛会耽误学生很多时间，刘红梅的底线就是"坚决不占用文化课时间"。对奥赛教练而言，走这条超常规路是必须具备超常心理素质的。别说不占用文化课时间能成功是奇迹，即便占用文化课时间能成功那也是奇迹。但刘红梅老师在选拔学生时设置的第一道门槛就是对学生的挑战和考验，能够留下来的孩子基本在化学、物理、数学三学科上都会有突飞猛进的发展，所以刘红梅老师很自信，她的学生即便保送不了，正常参加高考也是没有问题的。刘红梅谈到一个现象，全国化学奥赛决赛成绩公布后，进入前五十名的同学可以与北京大学、清华大学现场签约，而其他获得金牌、部分银牌学生可以获得北京大学、清华大学以及其他名校的降分录取资格，她的学生在获得4金1银后，她充分尊重学生自己对专业的选择。李朝晖被保送清华大学医学实验班，获得本硕博连读资格；窦鹏飞保送北京大学元培学院，期望在基础化学研究领域有所建树；王斌获得北京大学工学院一本线录取资格，准备致力于航空航天材料研究，希望理论化学能与实际应用相结合；赵旭炜获得北京大学地空学院一本线录取资格，志愿献身国防；李春雨作为省选第一名，因为失误与金牌失之交臂，但并没有影响他成功地在中科大仅有的15个签约指标中占得一席。

这份满满的自信背后是一个女老师心血和汗水的付出。从早上8点到晚上10点，刘红梅基本都靠在了学校。学生上课的时候，她一个人在办公室学习、备课，即便学校允许她弹性工作，也未曾改变她的习惯。她说，她喜欢一个人冥思苦想的过程，因为这样会带给她更多的灵感和思考。

有奉献精神才能真正理解化学

当一个人真正进入到一种忘我状态，那她一定是心甘情愿地为之付出。

刘红梅老师是过敏体质，对于很多化学品反应特别强烈，甚至身上出现红疙瘩或者呼吸不顺畅。但是，她会经常在实验室，因为她知道分析实验的操作要求极高，失败或失误都要重新再来。她不仅要让同学们了解实验的过程，更要让同学们懂得实验的严谨性。即便高烧生病，同学们都认为刘老师不会再来的时候，她打着点滴出现在大家面前。她曾经说过，只有有奉献精神的人才可以真正理解化学，因为搞化学研究本身就是最脏、最累、最有毒的工作。但她的这份严谨与执着，总会让大家在感动中加深对化学的认识，总能激励同学们迸发出激情。

刘红梅对自己没能进入科研领域至今还有点遗憾，但是从事奥赛辅导给了她很多启示与教育。她的身边多了很多热爱化学的孩子，从这个角度而言，这份工作更有意义和价值。"科学技术是一把双刃剑"，在应用过程中出现了很多问题，像有毒有害食品，一些人会把过错归结给化学，刘老师则坚定地认为，是个别无良知的化学工作者的德行出现了问题。当然，刘老师希望她的学生要先"修德"，也相信更多有良知的化学工作者会真正还化学一个"原子经济、绿色化学"的空间。

她是一名研究者，也是学生的"好姐姐"

刘红梅是坚强的、不服输的，是自信的、敢于接受挑战的，但她更是一个懂得感恩、甘于回报的人。她有男人的大气，也有女人的心细，她可以成为一名研究者和探索者，也可以成为学生心中的"好姐姐"。

真正的创造性思维是在交流中碰撞产生的。刘红梅总能给学生创造"群攻"她的机会，在她的课堂中，"唇枪舌剑"是很正常的，她欣赏学生们独特的思维，她经常在与学生们或学生之间的争论中受到启发。对于一个如此有激情的人，她还有一些细节让同学们感动不已。她经常会给同学们带好吃的，带同学们去跑步锻炼。这些孩子们都记在心里，往往他们也会给刘老师同样的感动。她的首届学生（现已大学毕业）每年都会回到母校给刘红梅过

2014年12月，刘红梅的五名学生在全国化学奥赛中摘得4金1银，均被清华大学、北京大学等名校录取。

生日，每年的聚会照片刘老
师都保存着，她也经常与同
学们保持联系。她觉得和孩
子们在一起，自己变得更年
轻了。她的学生也认为刘老
师特别年轻，都亲切地喊她
"姐姐"。

　　在大学时，刘红梅辅修
过哲学，对心理学也有研

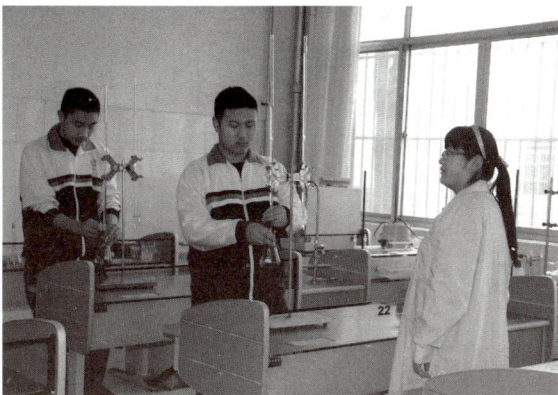

刘红梅与学生在实验室

究。她在辅导学生的过程中，发现了一些本来是有资质和潜能，能够在化学
奥赛上获得更大突破的孩子，总是在最关键的时刻过不了心理关。其实，家
庭教育是学生成长的根基。家庭出现问题，孩子也会受到很大影响。在对待
一些单亲家庭或者家庭特别困难的孩子时，她总会想方设法给予他们更多的
关心与支持。

　　作为一个与二中有缘之人，刘红梅从被误认为"学生"被分到学生宿舍，
到被二中师生感动，愿意留下来，再到她成长为金牌教练，一路走来，她强
大的内心震撼着大家，她谦虚和善的为人，温暖着大家。有人问她是如何成
功的，她总会说校长支持、配套运转机制、学生的素质与智商是成功的关键
因素。有次，她骄傲地告诉大家，李新生校长曾亲自到省队培训的地方去看
望孩子们，这让孩子们在省队同学中有了非同寻常的尊严和面子，并且十分
自豪地介绍给兄弟学校的同学，那是我们的"老大"。她感谢每一个帮助她的
人，义务给孩子们补课的班主任和任课老师们，提供后勤服务的老师们，这
些人她总会记在心里。

　　行走在自己为之坚守的道路上，刘红梅会有一份淡淡的回味。酸甜苦辣
的回味过程带给她力量继续前行，她用实际行动诠释了一个教育人幸福的
真谛。

优秀物理奥赛教练们：用扎实工作点亮学生未来

林 成

教育格言

尊重被教育的对象，是教育的实质和精华。

教育感悟

在物理教学实践中，追求创新、尝试成功教育，让成功、快乐、和谐、希望成为教育的主旋律，善于为学生营造宽松愉悦的成长环境，在学生中树立"人人能成才，天天有进步"的观念。

高级教师，物理奥赛教练。辅导的学生获得全国物理奥赛银牌1枚，省赛区一等奖4人，被山东省物理学会授予物理奥赛优秀指导教师。担任班主任和物理教师时，所教学生有多人连续以课分被清华、北大录取，曾被评为烟台市年度教育创新人物（班主任系列）、首批中小学学科教学改革市级骨干教师、烟台市教学能手，曾获烟台市优质课一等奖（第一名），多次被中共莱阳市委、莱阳市人民政府授予莱阳市优秀教师，被莱阳市教育体育局授予优秀班主任、教育教学先进个人、先进班主任、优秀教师等。参与国家级课题"提高课堂教学实效性的教学策略研究"研究，并被评为"教育部课题研究先进工作者"。实验"探究加速度与力、质量的关系"在烟台市高中物理"和谐高效思维对话"型课堂案例评选中荣获一等奖，并入选《和谐高效思维对话——新课堂教学的理论研究与实践探索丛书》，课例《一例传送带问题的变式》在烟台市高中物理"和谐高效思维对话"型课堂案例评选中荣获一等奖，并入选《和谐高效思维对话——新课堂教学的理论研究与实践探索丛书》，发表论文10多篇，并参与编写多部教学参考用书。

车子全

高级教师，物理奥赛教练。所辅导的学生获全国物理奥赛金牌1枚，银牌2枚，铜牌2枚；省赛区一等奖14人。曾被评为全国优秀物理奥赛教练、县级优秀教师、县级骨干教师、县级教学工作先进个人等。

教育格言

学中干，干中学，学无止境。

教育感悟

物理奥赛是培养人才的地方，也是成就人才的地方，既锻炼了学生，也锻炼了自己。

车子全和林成两位教练，组成了物理奥赛教练团队。自组团以来，他们就达成共识：分工不分家，要在工作中拧成一股绳，心往一处想，劲儿往一处使。其实，他们两个有一个共同的愿望，就是搭建这样一个平台，让更多的优秀学子能够在物理学科有更广阔的视野，有更全面的学科素养，以及他们未来能够沿着这条路走得更远。

本着对学科的热爱，他们带着激情上路，在历城二中相遇后，他们坚定地抱团在物理奥赛辅导方面钻研、积累、碰撞、交流，并逐有建树。打开这扇窗口后，他们和孩子们发现了新风景，于是他们就在追求真知的过程中体验着这些美妙与新奇。

1.作为奥赛教练，请您谈一谈物理学的学科特点。

车子全：物理学是一门实验科学，与其他学科相互渗透。

小到人们的衣食住行，大到卫星火箭；小到分子原子，大到天体宇宙，无处不渗透着物理学的原理。人们乘坐的交通工具越来越先进，生活必需品手机的功能越来越强大，它们都离不开物理学的发展。物理学的发展不仅关系到人们生活水平的提高，甚至关乎国家的荣辱兴衰。

物理学是一门实验学科，物理学的发展是和实践应用息息相关的，实践和理论对物理学的发展同等重要。就高中物理而言，实验课要开好，让学生从中悟出道理来。与初中物理相比，高中物理知识的难度和深度都有所加强。初中物理大多是定性地说明了一些物理规律，而高中物理则是定量计算，不仅要知其然还要知其所以然。高中物理知识所涉及的范围很宽，所有的物理现象都有涉及，甚至包括相对论。高中物理综合性强，理论性强。高中物理不是一门独立的学科，与其他学科也是相互渗透的，尤其离不开数学，会用到函数、平面几何、立体几何、微积分等。

物理奥赛所考查的内容源于高中和大学的教材，但是物理奥赛的难度要远远超过大学教材的难度，对学生的能力要求很高。竞赛大纲修改以后，放开了微积分，所以今后的竞赛试题必然增加了计算量，对学生数学运算能力要求非常之高。物理奥赛是学生智力的角逐，是学生意志的磨刀石。

林成：模型化、程序性、实践性、思想性、多样性。

物理学科模型化，学习物理要会构建物理模型；物理学习中要有程序性，物理问题的过程分析逐级递进；物理学具备实践性，物理学与现实问题联系紧密；物理学有思想性，物理学中包含着科学的思想、数学的思想、哲学的思想；物理问题表述具有多样性。

2. 结合您奥赛辅导的经历，请您说一下参加奥赛的学生应该具备怎样的品质和能力（可举例）。

车子全：学生要具备一定的定力、理解力、思维力、计算力外加认真规范。

第一，学生要能坐得住，学习要踏实。学习本来是一件很枯燥的事情，但研究学问的人应乐此不疲。他的兴趣从哪儿来？从学问中来，从成功中一步步培养而来。他能够挖掘出知识本身存在的乐趣，能够深入进去，用心钻研，拿出探究真理的劲头去学习才能无往而不胜。

第二，学生的理解能力和思维能力以及计算能力要强。

物理奥赛试题题干都很长，学生需要审题，从中找到解题的线索，列出方程来。学生的理解能力不够是不行的，连题意都看不懂的人又怎么会解题？看清题意是基础，理清思路是关键，题目考查的是什么物理规律，就运用什么样的物理模型去解题。能够列出方程只是第一步，解方程也是至关重要的。这就考查学生的计算能力，要求学生算得既快又准，学生之间的差异往往就在这里。

第三，学生做题要规范认真。做学问就要养成严谨认真的良好习惯，包括卷面书写要规范。思维要缜密，考虑问题要全面、细致，不放过每一个细节。

这些能力是相辅相成的，在奥赛培训过程中，学生的各项能力都会逐渐得到提高。

林成：严谨的态度、扎实的学风、刻苦的作风和丰富的想象。

对物理有兴趣，坐得住、沉得下，具有严谨的态度，有较强的自制力和毅力，学风扎实，作风刻苦，想象力丰富，并善于合作。

3. 据了解，学习奥赛的很多学生，高考成绩也都非常突出，作为教练，您如何均衡处理两者的关系？

车子全：解决好时间问题，高考与奥赛同步进行。

学习物理奥赛虽然占用大量的时间，但是对于一名优秀的学生来讲，并不会影响他的高考成绩，反而对高考成绩的提升有很大的促进作用。物理奥赛金牌得主刘星宇，在2018年的高考中拿到680分的高分。我反对那种为了奥赛而放弃高考的做法，对学生将来的发展也是很不利的。学好高考内容同时对物理奥赛也是很有帮助的。所以学习奥赛的同时，一定不要放弃其他科的学习。奥赛和高考兼顾确实很难，所以要早选苗、早培养，不是所有的学生都适合参加奥赛，只有那些学有余力的学生才适合。早抓早着手是解决时间问题的一个很好的方法。就每个人而言，时间的分配也是不一样的，根据自己的情况而定。物理奥赛的定位是我们要对尖端人才进行培养。

林成：夯实文化课基础，培养学生的能力和素养。

高考是基础，奥赛是拓展。夯实文化课基础对奥赛很重要，奥赛对高考又有积极的促进作用。奥赛能开阔学生的思维，提高学生分析、解决问题的能力，培养学生的自学能力和坚韧不拔的意志品质。

4. 在您与学生、家长、班主任等交流过程中，您认为最感动的故事或细节是什么？

车子全：学校、班主任和家长的全力支持。

家长的大力支持是最令我感动的。在送孩子外出培训的时候，家长们义无反顾地理解和支持，家长对孩子成长的热切盼望是无法言表的。学校对奥赛工作也付出很多，没有学校、班主任和家长的支持，不可能有奥赛的成绩。

林成：贴心的学生、暖心的家长。

讲课讲得嗓子哑了时，办公桌上突然出现的润喉糖和小纸条；节日的小礼物和贺卡；路上相遇的每次问候；家长们每到培训时间请假帮忙安排学生食宿、引导学生报到；每次班级活动时积极参与；每一次电话的问候和关心……点点滴滴的收获，我们都感激在心。

5. 未来您有怎样的规划，进一步实现奥赛辅导的价值？

车子全：转换新视角，加强研究。

有些学生通过物理奥赛获得了降分保送的资格，也有一些学生通过自主招生获得了降分资格，还有一些学生虽然没有获得降分资格，但是他们通过物理奥赛培养了能力，磨炼了意志，在大学里都有较好的发展。有的学生保研到国内一流高校，有的学生考入国外著名大学继续深造。参加物理奥赛的经历使学生终身受用。这也是支撑我能够十多年如一日地坚持下来的原动力。

我将一如既往地坚持下去。竞赛大纲的修改给我们提出了新的挑战，今年的奥赛试题已经是全新的面孔，试题难度加大、计算量加大。决赛试题又增加了好多内容，尤其是热学和物理光学部分，都需要我们去深入研究，要换一个新的视角来看竞赛。另外，要想获得国际金牌，还需要研究普通物理和大学物理，这对于一个高中物理教师来讲是个挑战。一味地借助外援也不是长久之计，我们必须下功夫去研究，才能把握住竞赛的方向。我们有理由相信，只要坚持不懈地努力，就没有过不去的火焰山！海到尽头天作岸，山登绝顶我为峰。相信我们物理奥赛的路子会越走越宽，获得国际金牌指日可待！

林成：让学生既成人又成才。

在教育教学中能用一颗真心来尊重、理解、信任、引导、激励、感召学生，将细心贯穿于整个教学工作之中，用恒心来毫不懈怠地服务于学生，以师德的人性光芒引导学生培养乐观积极向上的人生态度，树立科学的价值观和人生观，让学生做到既成人又成才。

优秀信息学奥赛教练赵玉喜

"多料达人"让教育生活更精彩

教育格言

智者把握机遇，圣者创造机遇。

教育感悟

每个孩子都是一颗发光的金子，都有着无限的价值。教师的职责就是让每一个孩子都能够在其固有的基础上获得充分的发展，使孩子们成为有才能的人、对社会有用的人。

教育不是牺牲，而是享受；教育不是重复，而是创造。我们在实现人生价值的同时也收获着桃李芬芳。

赵玉喜，聊城大学计算机和青岛大学人力资源管理双学历毕业。2009年工作至今，凭借对专业的热爱，从一名计算机教师成长为信息学奥赛辅导教练、电脑制作首席辅导教师。2013年被首批选入济南市中小学动漫教学研究中心组成员，2014年被济南市电教馆授予"赵玉喜动漫工作室"，2017年入选济南市信息学奥赛委员会成员。多次带领学生参加全国中小学电脑制作活动和全国3D设计大赛活动，百余人次获得全国一、二等奖；辅导的学生获全国信息学奥赛冬令营银牌1枚、铜牌3枚，省赛区一等奖19人。2018年，辅导的任清宇同学获全国2018年信息学奥赛银牌，获得北京大学降一本线录取资格，辅导的8名学生获信息学奥赛省赛区一等奖；2018年电脑制作活动，辅导的4名学生获全国一等奖，6名学生获二等奖。

赵玉喜辅导的学生在全国赛中获奖

苹果公司联合创办人乔布斯曾经说过："成就一番伟业的唯一途径就是热爱自己的事业。"作为一名信息技术教师，赵玉喜从电脑艺术设计、二维动画、网页设计、三维动画、健康教育动画、和教育动画到3D创新未来设计、计算机程序设计、微视频制作、创客设计，再到信息学奥赛辅导，每一个类别、每一个项目赵玉喜老师都很精通，辅导的学生获奖无数。这源于他始终保持一颗初心，热爱信息技术，在钻研、探索的过程中，他更愿意陪伴学生，共同打造一件件融入智慧、灵感、技术的作品，更愿意帮助学生，在一个个项目中找寻那份简单的快乐和满足。

让每一件作品成为打开学生视野的天窗

电脑制作活动是指利用电脑来制作一些像网页、文件、动画、软件等一类活动的总称。赵玉喜当初看好这个项目，更多看重的是学生能密切联系学习、实践活动及生活实际，运用信息技术手段设计、创作作品，培养发现问题、分析问题和解决问题的能力。后来，他认为探索与创新应该是这个项目的关键，因为每一件作品的背后汇聚着学生的思考力、专注力、抗挫力，是一次次推翻、修改、不断完善的过程。

赵老师清楚记得，2011年他辅导学生吴晓辰完成网页设计《浓浓核桃香》。开始，吴晓辰从网上搜集了好多关于核桃的图片、资料，这种资料堆积式作品被赵玉喜否定。他希望吴晓辰把作品定位在社会实践活动上，能够走出校园去调研，拍摄真实的情境，带着一份追问去解决网页制作需要的素材。后来，经过师生讨论，他们最终选定了主题"探索港沟镇冶河村核桃种植"。师生约定：所有资料必须真实，图片要现场拍摄，记录整个过程，写出心得感悟。

为了获取资料，师生两人先后5次去冶和村。吴晓辰走访了村民、种植户、合作社代表，主动和卖核桃的农户交流。从实物上的概念认知，到开始接触核桃，吴晓辰全面了解了核桃的习性、选苗、种植、品种，在全方位了解了核桃的相关情况后，吴晓辰写出了30篇文章。

《浓浓核桃香》网页设计初稿完成，片头动画、首页（一级页面）、二级页面、三级页面以及内涵的图片、视频、音频、动画插件、文本信息，整个过程吴晓辰一气呵成。后来，赵玉喜、陈起两位老师带着吴晓辰的作品请专家帮忙评析和指点，专家提完建议后他们再做改动。当时赵玉喜担任十几个班的信息技术课，只能利用中午和晚上时间指导学生进行修改，前前后后修改了多次，每次修改对于师生而言都是一次"折磨"，有些内容需要推倒重来，没有思路的时候更是痛苦，但功夫不负有心人，最终《浓浓核桃香》被推荐参加了全国中小学生电脑制作大赛，获高中组二等奖，吴晓辰被保送武汉大学。

每每谈到这次经历，赵老师觉得参加电脑制作活动受益的不仅仅是学生，在千锤百炼地修改作品的过程中，自己的能力也被锻炼出来，对持续指导学生奠定了很好的基础。

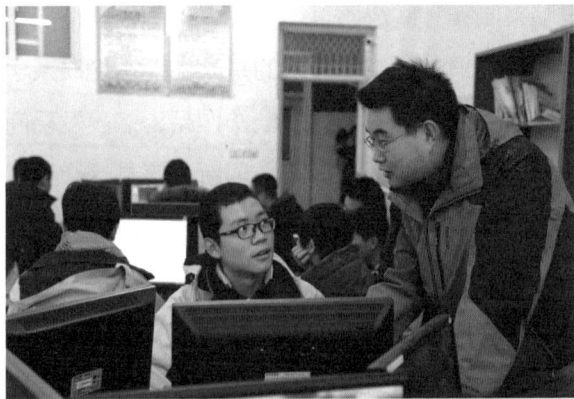

赵玉喜辅导学生社团活动

每一次各省入围全国比赛的作品公示后，赵玉喜都会把高中组的1300余件作品全部下载下来进行分析，他会推荐20件作品让学生学习，然后师生进行研讨、分析，等到了寒暑假，师生就会在前期准备的基础上开始自己的创意之旅。

赵玉喜被创意无限的孩子们"征服"了，学生的创意总会带给他惊喜，学生的作品也总会让他感觉到幸福：47级毕肆柯三维作品《李星的"星光"》获得全国二等奖，被保送中国地质大学；48级孙德仓同学获得全国二等奖，获西南交通大学、中南大学、哈尔滨工程大学三所高校的降一本线录取资格；孔庆一同学获全国二等奖，考入香港理工大学；王志源同学获得全国一等奖，考入厦门大学……

开拓信息学奥赛新天地

2015年，赵玉喜具体负责学校信息学奥赛。2017年，他的学生获得省赛一等奖6人、二等奖11人、三等奖1人，其中任清宇、郑浩天、邱一凡、杜志远四人成绩优异被推荐参加CCF2018信息奥赛冬令营。历城二中被山东省信息委员会授予"金牌学校"。

熟悉赵老师的人都知道，他是一个高度专注的人，对待任何一件事情都会严谨认真。在接手信息学奥赛后，他花费了很多时间和精力去研究高等数学、数据结构、数论和图论算法等，安排信息学奥赛课程，指导学生完成做题任务，所以每天他会在办公室待到深夜。

学习信息学奥赛，很多家长都会有所担心，孩子会不会借此机会玩游戏、看视频、看小说，有个家长打电话反映，觉得学奥赛浪费了时间，孩子控制不住自己，经常玩游戏。于是，赵老师和学生约定学习任务，在完成任务前不准玩游戏。随着难度和题量增加，孩子们逐渐把心思都投入到学习中来。后来那个家长反映说孩子周末回家的时候一直在做题，而且他建立了个人博客网站，把做的题和个人收获都写在博客里面，还让家人给他点击评论。

作为奥赛教练，赵玉喜深知孩子们的课业压力，他们肩负着文化课与奥赛成绩同步提升发展的重任。为了减轻他们的压力，提高积极性，赵玉喜想了很多办法，每个月他都推出一个主题竞赛活动。比如庆元旦贺新春邀请赛、历城二中龙抬头竞赛、阳春三月动态规划专题赛、百战百胜真题赛、听风听

大课间，同学们找赵玉喜探讨问题。

雨过清明之"图论"专题赛、基础数论挑战赛、做题清单展示活动、信息大佬杂题选讲活动、NOIP猜题出题挑战赛等，每月组织一期校内竞赛。这些竞赛他都会精心安排，提前一周发布赛务，如竞赛时间日程、比赛邀请团队、赛事要求、成绩汇总，召开解题报告、设置奖项、安排抽奖颁奖合影、发布获奖情况等。学生们最兴奋的就是半个小时的抽奖颁奖合影环节，每次赵老师都邀请家长共同参与。为了调动学生们的积极性，每一位同学都被安排了任务，有颁奖主持人、颁奖伴奏人员、活动拍照人员、兑换奖品人员、财务人员。颁奖合影活动结束后，同学们都会和家长们分享自己的奖品和心得。

活动结束后，赵玉喜会把专题活动和抽奖颁奖环节的照片整理成专题，与家长、学生共享。

在信息技术这个领域，赵玉喜觉得所有的未知都充满新奇，他在挑战自己的过程中收获了职业成就感，他将继续带着他的学生，走进一个个神奇的世界……

　　做教师最大的挑战就是做班主任工作，他们要身在一线，冲锋在前。每天早晨六点钟，他们踏着晨曦，准时到达教室，迎接学生的到来；晚上十一点后，他们披星戴月，在沉沉夜幕中离开宿舍，回家休息。他们维护并诠释着这个时代的主流价值：责任、爱心、良知、奉献以及对每一个学生的尊重。

优秀班主任李东

他是"中国好人"，是学生心中的一缕阳光

李东，毕业于曲阜师范大学历史系。从教15年来，谦逊认真，踏实肯干，以坚实全面的专业素养和幽默激情的教学风格，得到了学生的尊重和家长的赞许，并在长期的教育教学实践中形成了富有个性特征的职业品质和独特的人格魅力。他曾获得"中国好人"荣誉称号，被评为济南市十大优秀教师、济南市优秀班主任、感动济南十大年度人物、历城区十大杰出青年、历城区道德模范、历城区优秀教师、历城区优秀班主任、历城区教学能手等诸多荣誉。其事迹被《齐鲁晚报》《生活日报》《济南时报》《都市女报》以及山东省教育电视台等媒体报道。

教育格言

培养人，就是培养他获得未来，快乐的前景的道路。

——马卡连柯

教育感悟

作为教师，培养学生不仅仅是一项工作，更是一份需要我们用心去做的事业，塑造学生的心灵世界是教师的使命。

知识是学生生活、工作的基础，未来是学生需要认真面对的归宿。所以，让学生有能力在学习中收获知识和快乐，有勇气正视未来人生之路，这才是现代教育的要义所在。

关心每一个学生，培养每一个学生，这是我的责任，更是我的幸福。

李东老师认为，教育其实就是爱，要用独特的管理、教育方法去爱身边每个学生，让他们真正体会到被爱的幸福。他把"平等、理解、尊重、信任"的爱生理念作为工作的出发点和落脚点，并以言传身教的方式把满满的正能量传递给一级又一级学生，使更多的爱心和善举得到延续。

近10万元资助学生

毕业至今已有十几个年头，李东始终认为"好老师"首先应该是以德施教、以德立身的楷模，要有"捧着一颗心来，不带半根草去"的奉献精神，要以自己的模范行为影响和带动学生。"好老师"是他内心最坚定的追求，他可以选择过节俭的日子，但一定省吃俭用让贫困的孩子们过有精神追求的生活。

学生小莉（化名），父亲在外打工，奶奶和母亲身体不好，常年吃药，家里还有一个读小学的妹妹。贫困的家庭无法同时供两个孩子上学，经过商议，父母决定让小莉辍学。就在李东为她返校而努力时，小莉的父亲突遇严重车祸，脑部受损，身体左侧偏瘫。家里的顶梁柱垮了，读书成为一件不可能的事。孩子离校时痛苦地对李东说："老师，这是天意。"第二天，李东带着营养品，冒雨来到医院，全身湿漉漉地出现在小莉父亲病床前。李东紧握小莉父亲唯一能活动的右手，在他耳畔说："让她念书吧，所有的花费我负责！"小莉最终没有辍学，她学习愈发刻苦，最后考上了梦寐以求的大学。现在小莉已上大四，边读书边勤工俭学，还时常打电话给李东，说得最多的就是"谢谢老班"。

2009年，李东接手一个新的班级时，发现有个叫冰洁（化名）的学生整天愁眉苦脸，对身边什么事情都不关心、不在乎。经过反复交流谈心，李东了解到她来自南部山区，家庭极其困难，从高一起便利用周末时间到校外打工赚生活费，中途还曾经一度辍学。了解情况后，李东马上给她申请学校助学金，但要强的冰洁不想"不劳而获"，便拒绝了。思虑再三，李东把她推荐到离学校最近的饭店，每周末工作两天，工资200元。直到高中毕业后，冰洁才从饭店老板那儿得知，工钱全是由李东支付的。

高三时因为学业压力大，李东耐心劝导冰洁暂时放弃了打工，并让其好友帮着将生活费偷偷地存入冰洁的饭卡中，直到其高中学业。2010年高考，冰洁以603分的成绩被天津工业大学金融专业录取。毕业3个月后，冰洁偶然得知了老师"暗中"为她所做的一切，感动不已的她买了一个"滴水之恩，涌泉相报"的杯子，作为教师节礼物送给了李东。她表示会一辈子感恩老师，将来也会像老师一样关爱他人、奉献社会。

2010年，李东当选"感动济南年度人物"，当时的颁奖词是这样写的：李东不是大款，他没有惊人的举动。他只是抱着一颗平常心，做着自以为应该又力所能及的事情、一些不需要做出"艰难决定"的举动。他教授给学生的不只是知识，还有怎样来书写"人"字；他资助学生的不只是钱，还有如何让世界更温暖。

历史教学做到"返璞归真"

李东是一名历史教师，他对历史教学充满了感情。他特别认同齐健教授的观点："一堂好课的底线是学科本色。教学设计应注意体现'素课'，在看似朴实的设计中内隐厚实的史学功力和教育底蕴，蕴藉着思维的深刻性、穿透力，强调思辨性。一切的教育教化应当是从'读史、说史、学史'的过程中自然而然得以彰显的。在教学手段、教学技巧上宜力求简约。简言之，一句话：要'返璞归真'。"

对于三维目标的设计与呈现方式，李东认为以梯级分布最为适宜，每节课的目标不要制定得太多，要符合学情，以能够实施和落实为好。例如《秦朝中央集权制度的形成》一课的教学目标定位如下：首先，了解秦朝中央集权制度形成的过程和内容；其次，分析归纳秦朝中央官制的特征和影响，对比郡县制和分封制的异同；最后，分析和归纳秦朝中央集权制度对中国历史发展产生的重大而深远的影响，体会中央集权制度对于形成我国统一的多民族国家的积极作用。教学目标由浅入深，层层递进，为形成有序教学流程提

李东与学生徒步往返辛弃疾故居，并合影留念。

供了可操作的依据和指导。"让学生跳起来能摘到桃子"就是要根据学生差异逐步抬高达标的尺度，让每个学生都能获得成功的感受，让每个学生的能力都有相应的发展，这也是他在课堂上最希望学生达成的目标。2014级的艺术生乔治由于高三上学期把重点放在了艺术专业学习和考试上，艺考过后返校，复习时间已不足3个月，时间紧、任务重。为此，李东专门为他制定了一套符合个人学习习惯的复习方案，因材施教，狠抓基础知识，训练史料解读能力，快速提升复习效率。高考临近前的几次模考，乔治多次考出90分以上的高分，最终以优异成绩被山东大学广告设计专业录取。

　　李东一直觉得，构建历史知识结构是学习历史的捷径。历史学科的显著特点就是知识点繁多，时空跨越大，学生难免有"繁多、杂乱、易忘"的感叹，所以他会细化三维目标，让学生明确学习重点，构造重点主干知识和主体知识，由点到线，由线到面，使之系统化。同时，既注意历史事物之间的纵向联系，也注意历史事物之间的横向联系，在纵横联系中加深对历史事物的整体把握。2014级学生林晓勇同学在高三伊始"理转文"，文科基础知识相当薄弱，文科思维也相对欠缺，特别是历史知识，依旧停留在初中阶段。此时一般的文科生一轮复习已经过半，让他从零开始已经来不及了。为此，李东改用通史复习思路为他授课，摆脱教材束缚，打破模块，打通章节，贯通古今，关联中外，把繁杂凌乱的知识归纳为一个思路清晰的框架体系，再辅以解题方法的指导。这使林晓勇的历史成绩突飞猛进，最终他被山东大学法文专业录取。

李东始终认为，教学是拉近老师与学生距离的平台，能使师生在读史过程中形成思想上的共鸣。另外，他更希望学生们能够亲近历史、走进历史，形成读、用结合的学科思维观，他也一直朝这个方向努力着。

李东的运动情结

心中有阳光，脚下有力量。李东老师的善举为学生树立了一座精神坐标，引导着学生健康成长；而学生在恩师的熏陶下领悟到大爱之心，并将这种关爱向善之心在同学间传递，在一级级的同学中传承，用力所能及的力量温暖那些需要帮助的人，使更多的爱心和善举得到堆积。一心向阳，李东走在校园中，心中的那一份虔诚，是对生命的尊重和对教育的热爱。

优秀班主任仇云龙

他是"道德模范"，让学生站在高处思考未来

仇云龙，毕业于襄樊学院中文系。从教十多年，不断更新教学理念，重视对学生思想的引领，注重对孩子智慧的启迪，努力使知识转化为智慧，使文明积淀成人格。在提高学生成绩的同时，重视对孩子胸怀和格局的培养，曾被评为济南市教书育人楷模、济南市第二届身边好老师、第五届历城区道德模范以及区级优秀教师、优秀班主任等。

教育格言

教育是一种思想的引领，是一种智慧的启迪。

教育感悟

教育最终是对人的培养，育人者要着眼于孩子未来的发展，要着眼于为国家培育人才。

知识不是智慧，我们需要引导孩子将知识转化为智慧。为此，就需要我们在教育中去触动孩子们的心灵，用智慧去启迪孩子们的智慧，在孩子们的心中播下灵魂的种子。

每个人在求学路上都会遇到好老师，好的老师犹如一座灯塔，始终为学生照亮人生道路。仇云龙，一名普通的班主任老师，用丰富的知识、完美的操守和一颗博大的爱心带给学生指引人生方向的力量。

澄波湖里托起孕妇生的希望

仇云龙的大爱源自他的内心，他见义勇为的事迹让这所校园格外温暖，学生们称他为"英雄老师"，师生被这份人世间最无私的爱感动着……

2017年7月8日晚上，在济阳澄波湖，一个孕妇不慎跌入了水中，在挣扎了几分钟后，孕妇已经不能张口呼叫，并逐渐陷入昏迷状态。

危急时刻，仇云龙和同事恰好经过此处，他凭借自己的经验，不顾自己做过手术的虚弱身体，立即脱下衣服跳入湖中。

由于是第一次来澄波湖，仇云龙老师并不了解澄波湖水情，跳下去时感觉岸边比较浅，但是再往里水却陡然变深了，水下有一个像是台阶样的东西，猝不及防，仇云龙老师一下子跌进了水里，脚被扭了一下，同时也被水呛到了，但他不顾疼痛和危险，向溺水孕妇游去。最终，在仇老师和周围群众的合力帮助下，孕妇被成功救上岸，并被及时送往医院。在施救的过程中，仇云龙的手机被摔坏，后来得知孕妇脱离了危险，他长舒一口气，觉得自己的付出是值得的。

仇云龙认为，在这种情况下，不管是谁，都会做出这样的选择，每一个人都应该与善良同行，让道德之树常青，让文明之花灿烂绽放。

时刻让学生感受到关爱

仇云龙善于思考，他执着于做真实的自己，并希望在自我人生价值实现的过程中让教育更有意义。作为教师，他觉得最大的快乐与满足莫过于被学生尊重和爱戴，于是他以满腔的热情投入到班主任工作中，对学生的关爱更是他献身教育的最好诠释。

现在已经大学毕业的荣荣（化名）同学，在体检时怀疑患有疾病，由于

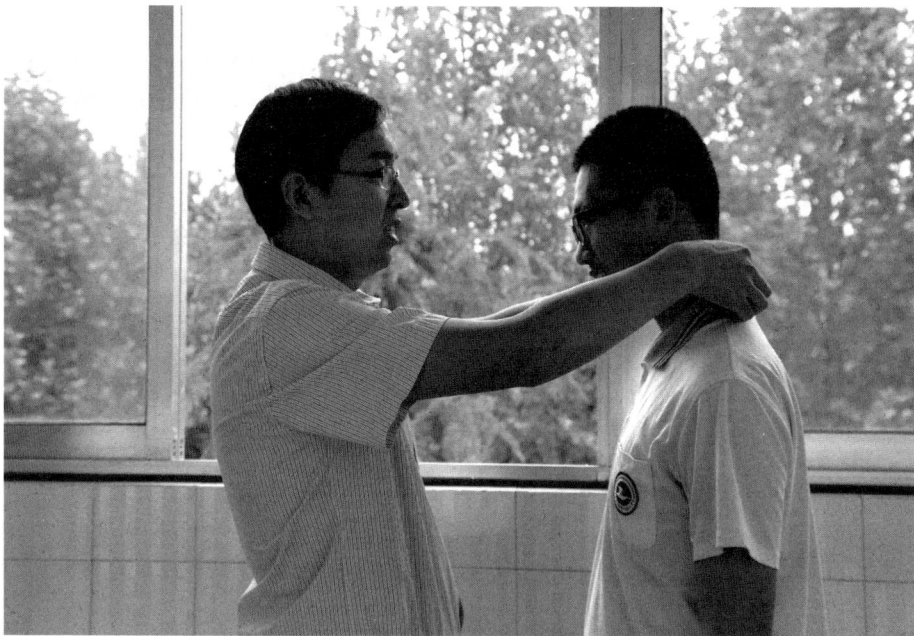

仇云龙为学生整理衣服

家长都不在身边，仇云龙老师便立刻陪着孩子到医院检查。在荣荣最无助的时刻，仇云龙奔波在学校和医院之间照顾她，并为她申请了免费的药物。当有人表现出不解时，他也从不辩解，他只希望孩子尽快康复，有个健康的身体，有个光明的未来。

　　现在正在上大学的小倩（化名）同学是个孤儿，跟着年迈的爷爷奶奶生活，家庭非常困难。作为孩子高一时的班主任，仇云龙了解到孩子的情况后，每月拿出300元作为孩子的生活费，并通过各种渠道联系到深圳的一名热心人资助小倩，帮助孩子解除了衣食之忧，同时他积极向学校申请免除孩子的学杂费，联系慈善组织一起帮助孩子共渡难关。在大家的共同努力下，孩子的生活困难解决了，仇云龙也通过谈心等多种方式，帮助孩子积极融入班集体，不让孩子产生自卑心理。仇云龙老师3年里共资助了小倩将近两万元，帮助她实现了大学梦。

　　仇云龙老师十分重视与学生的交流，他认为，要时时刻刻关注学生，不仅眼中要有学生，更重要的是一定要把学生放在心上。因此，在和学生交流

仇云龙贴心呵护每一名学生

时，他总是通过拉家常的形式，让学生放下戒备心理，与学生进行心与心的交流。他也常常利用吃饭、晚休等零碎时间，和同学们交流谈心，在沟通中正确引导学生，帮助学生树立科学的世界观、人生观和价值观。

仇云龙深爱着他的孩子们，哪怕学生有一丁点儿困难或麻烦，他都会记在心里，尽自己的努力去帮助孩子们。这个过程中，他和孩子们结下了深厚的师生情谊，大家也都记得他的好。有些孩子即便毕业了，在遇到困难或者麻烦时，也还会想到他，仇云龙仍然会为孩子们出点子、拿主意。多年来，他用真爱赢得了学生的尊敬与信任。

引导学生正确地认识世界

仇云龙始终认为，教学生写文章，最重要的是引领学生的"三观"，让学生们正确地认识和看待这个世界。

在作文教学的过程中，仇云龙把学生的写作分为三个阶段：

第一个阶段为迷惘期，共同特点就是初学为文，一看题目，便觉一片空虚，搜肠刮肚，东拼西凑，写完之后，自己读来都感觉"面目可憎"。仇云龙借用了鲁迅先生说过的"世上本无路，只是走的人多了，也就成了路"来比喻写作，一开始自己无路可走，那就走别人走过的路，这就依靠后天模仿和思想的启发。

第二个阶段就是模仿，走别人的路。仇云龙一再告诉学生，模仿并不是抄袭，他举例说明了很多的作家在写作之初也不是文思泉涌、妙笔生花，如陈忠实老作家在经历了17年写作之后才确立了文学上的自信。

仇云龙很多时候都是带着学生去寻找切合自己心灵的、精神的作家的作品，并结合自己的情感体验和生活经验，不露痕迹地模仿，其实这也是成就自己的最好方式。他推荐学生读名著，让学生写感悟、发表观点，进而形成自己的见解。从工作至今，他坚持整理的美文、名言警句等已有上万条，让学生每天晚饭后用十五分钟时间抄写并写点小感悟。

第三个阶段就是创作。仇云龙认为前两个阶段后，学生的写作能力自然会升华到一个新境界，加之生活阅历、生活感悟的不断增加，自己的情感会变得越来越丰富，头脑也越来越成熟，自然也就触类旁通，下笔也会越来越轻松自如。

仇云龙辅导的学生曾在"语文报杯""叶圣陶杯""希望杯"、中小学生综合竞赛等作文比赛中多次获奖。他的学生李星辰同学在"希望杯"中小学生作文比赛中获得特等奖，获奖作文《冷风暖香》充满了真情实感，体现了孩子对生活的独特感悟，朴素的语言铿锵有力、震撼人心，实在是难能可贵。

作文教学要培养学生一种怎样的情怀？仇云龙总结为五个字叫"观世音菩萨"，"观"解读为观察世界，"世"解读为世间情态，"音"为文采和音律，"菩萨"应该为一种悲天悯人的精神、舍身忘我的情怀。带着这样的思考，他希望孩子们能在写作中培养一种敏捷、严密的思维品质，更要培养一种胸怀和气度，因为学生应该在责任、信任中发展自我、成就自我。

带学生走出去开眼界

陶行知说过"千教万教教人求真，千学万学学做真人"。教书育人，教书的最终目的是育人，是培养有理想、有目标、有能力、有教养、有胸怀的优秀学生，还要培养学生的管理能力、领袖气质等关乎他们一生的潜质。好的教育就是要点燃学生的激情，好的教育就是要锻造学生的品质，好的教育就是要培养孩子们坚强的毅力，好的教育就是要激发学生的潜能。仇云龙老师秉持这一教育理念，在教育教学的过程中持之以恒地贯彻执行。

2017年11月份，仇云龙带着他的学生们走进北大、清华，他要让孩子们看到祖国最顶尖的学府、最优秀的学生。在北大这一天，从上午九点到下午三点是学生们自由活动的时间，他给学生们分组，并安排了任务：每个组要与五个学长进行交流，交流主题不做限制，午饭必须在北大学生餐厅解决（餐厅必须有餐卡才行）。他想看看学生们到底能带给他多大的惊喜，最终，他被孩子们震惊了。

小涵这一组看到路旁走过来一个外国人，便以百米冲刺般的速度跑过去，开始用"蹩脚"的英语聊起来，后来发现外国人不是留学生，而是一个来北大游玩的德国友人，她们与友人进行了友好而又"艰难"的沟通后，了解了一些中西教育文化的差异，并有了自己的看法。对于英语学习，仇云龙也认

仇云龙与学生唱响祖国赞歌

为一定要敢于张嘴，多与别人交流，才会学以致用，才能在应用中真正学有所获，使课本知识有用武之地。

小哲这组经历一番曲折，最后终于借到了饭卡，成功打到了饭。他和搭档找到了独自吃饭的北大学姐，在与学姐交流"高中三年拼命学习，上大学后是否可以解放了"这个话题时，学姐的一番话给了大家很多启发。学姐强调说："上了大学之后会更累，高中三年拼命学习，并不只是为了考一个好大学，而是养成一种努力的意识和习惯，这不是表观的东西，而是内在的改变，因为只有认识到了时刻都要努力，才算是找到了人生的价值。"

北大的塔，清华的楼，学子的情……这一切的一切，带给了学生一种刻骨铭心的感悟，在后来的交流中，仇云龙被孩子们的思想激情点燃，他们的精神之旅充满了好奇、思考，他们对这个国家和民族有责任感、愿意担责，这些让作为教师的他有了更多的欣慰。

仇云龙一直坚信"人是教育的出发点和归宿"，带着这种理想和信念，他愿意努力践行"播下一种行为，收获一种习惯；播下一种习惯，收获一种性格；播下一种性格，收获一种命运"的理念。仇云龙心中有爱，犹如一脉温泉，暖暖地流淌，润物无声……

优秀班主任李正华

把平凡的工作做到极致就是不平凡

教育格言

教师的品格决定教育的品质。教师要用精神品格之光照亮学生的前行之路。

教育感悟

班级管理更多的需要一种精神引领，对学生进行精神塑造，这比那些所谓的教育方法和教育手段更重要，因为精神层面的东西更稳定、更深入，具有更持久的影响力。

李正华，2000年毕业于山东师范大学，在历城二中工作至今。从事语文教学、班主任工作，担任教导处副主任。2002年9月至2012年6月，连续10年担任高三毕业班班主任，高考本科一批上线人数和语文平均分稳居年级前两位。所带班级5次被评为济南市优秀班集体，个人3次被评为济南市优秀班主任、4次被评为历城区优秀班主任。曾被评为济南市优秀教师、济南市身边的好老师（提名）、历城区骨干教师、历城区优秀教育工作者、历城区教育系统道德模范等。2015年所带班高考语文平均分123分，全班总平均分634分，66人全部上一本线，都被国家级重点高校录取。

李正华是一名优秀的语文教师，而且是一名出色的班主任，"严肃""严谨"是他留给师生的印象。其实，他的内心有着火热的情感。正如他对教育的理解："教育就是引领我们从狭隘走向广阔的过程。学会宽容，开阔胸襟，尽可能地尊重多样性、珍视个性，尽可能地从多角度看待学生，尽可能地习惯'一个世界，多种声音'。"所以，他有一双欣赏的眼睛，总能看到独特的风景；他有一对聆听的耳朵，总能倾听美好的声音；他有一颗溢满爱的心，总能润物细无声。

追求极致，将孩子交到他手中家长放心

"做就要做最好"是李正华的座右铭，这么多年来，他始终把这个座右铭内化于心、外化于行。他认为家长和学校把孩子交给自己，他就有责任让孩子不仅在学习上，而且要在道德素养、行为习惯、意志品质上都出类拔萃、做到最好。

他的学生衣着整洁、仪表端庄，他的学生诚实守信、表里如一，他的学生热爱劳动、主动担责，他的学生积极进取、豪情满怀。他带的班是"钢七连"有气场，他带的学生雄赳赳气昂昂有霸气。很多人都很好奇，他为什么能够带出这样的班和这样的学生？

"要求"是什么？在李正华眼中，"要求"就是必须要这样做，但要求不是我看着你去做，或者我监督你去做，而是我带着你去做。李正华就是这样的人，凡是要求学生做的，他一定会带头践行。这对学生是一种无声的命令，一种鼓舞，一种督促。

李正华特别喜欢李新生校长经常说到的一句话："把平凡的工作做好就是不平凡。"他把这句话稍作演绎变成了他治班的信条："把平凡的工作做到极致就是不平凡。"在班风学风建设上，他的这几个"极致"对于构建和谐班级、打造一流团队起到了积极的推动作用。他认为要把实干、负责任的精神发挥到极致，以身作则，率先垂范，做学生的表率。于是，每个清晨，他总会和学生一样准时到班；每个夜晚，他总会和学生一样赶到宿舍，十几年如

李正华把与学生在一起的时间称为自己的"幸福时光"

一日，风雨无阻。而所谓的"要求"已经不那么重要，重要的是那些坚守的日子，他的陪伴已经转化为师生共同的价值追求。

他追求"把对学生的诚心和爱心发挥到极致"，这集中体现在后进生管理上。他坚信"每个后进生都想做好学生"，于是他与后进生建立感情，通过谈话或家访，了解学生成绩落后的深层次原因，做到对症下药、有的放矢。同时允许后进生反复出现问题，做到诚爱为先、宽容以待、持之以恒地关心、坚持不懈地教导，如在每周的周结簿上特意多写评语、主动为他们补习、抓住亮点树立榜样等，这些举措让学生看到了老师锲而不舍的毅力，让爱心持续不断温暖他们的心田，真正达到了"亲其师，信其道"的效果。

把严谨、严格、严正的作风发挥到极致，把细致深入、持之以恒的作风发挥到极致，把细致、扎实、投入、高效等非智力因素的培养发挥到极致，把工作的创造性和艺术性发挥到极致等等，这些"极致"展现了一名教师对于这份工作的热爱。爱到极致是一种境界，让李正华老师总有一股不竭的动力，在这个平凡的岗位上做着踏实的事情。

临时班会，抓住契机赢得教育先机

临时班会相对于固定班会、主题班会而言，具有灵活性、及时性的特点，如果运用得当，会起到事半功倍的效果。临时班会特别注重实效性，可谓"机不可失，时不再来"，不仅考验了班主任的应变能力，更是班主任经验的融会贯通，要求班主任在不同场合扮演不同的"角色"。李正华老师的临时班会是他管理班级的绝招，总会收到意想不到的教育效果。

在寄宿制学校当班主任，管理难度和强度要大很多。宿舍卫生是很多班主任头疼的问题。李正华老师总会抓住大扫除的时机，在现场明确责任分工，必要时亲自示范，例如亲自打扫马桶，用实际行动告诉同学们：宿舍就是一个小家，需要大家的共同维护。这场"临时班会"让同学们从思想上有了改变和认识。

开学之初是良好习惯养成的最佳时期，一旦错过，以后的工作就会事倍功半。李正华往往会在第一次班会时强调纪律要求，严明上课、上自习的行为规范。但他认为，要使纪律要求真正深入学生内心，融入自己的实际行动，还需要细致观察、及时发现问题，并利用简短型临时班会反复提醒、督促。比如自习课上，一些学生趴在课桌上，心不在焉、漫无目的地翻看课本，此时就有必要以此为典型立即对全班学生做一个简洁的提醒："学习就要追求效果，否则，还不如不学。什么是高效？上课紧跟老师的思路、精神高度集中就是高效，自习课上每一分钟都紧张投入地度过、把每一分钟都利用到极致就是高效。漫不经心、松松垮垮，没有目标、没有计划，永远达不到高效，成绩也只能徘徊不前甚至后退。"并亲自示范高效投入学习应有的姿势，学生听得聚精会神，不仅存在问题的学生以后会加倍注意，其他学生也会引以为戒。针对学生一些不良习惯，如上课走神、打盹，上自习闲谈说笑、吃零食、转笔、左顾右盼等等，他都利用这种方式，对学生进行督促提醒进而扭转局面，避免坏习惯扩散蔓延以致形成风气难以改变。

李正华总会利用各项活动的契机，转变学生思想，赢得教育先机。若学生在比赛中出现名次差、落选、出局等情况，他也会及时疏导、转劣势为优势，"失之东隅，收之桑榆"。在一次在合唱比赛中，班级名次令人不满意，失望之情写在同学们的脸上。到教室后，李正华及时召开班会加以劝导："名次由很多不可控的外力因素决定，选择的歌曲合不合适、难度高低、演唱水平等等都不是短期内能改变的。"他鼓励大家："如果时间再充裕一些，相信我们会做得更好。只要在过程中尽力了，留下一段美好的回忆，就会无怨无悔，就该赢得掌声。"学生的表情稍稍释然。他再次结合实际，意味深长地说："我们都想证明自己，还有一个机会在等待我们，那就是两周以后的期中考试。期中考试取得好成绩更能证明我们的价值。因为学习更需要锲而不舍，更需要具有顽强的意志，更需要磨砺心志，而这些正是我们人生路途上直面风雨、攻坚克难的最宝贵的品质。希望每个人都把这种品质作为自身修养的必修课，在期中考试中证明自己的能力和价值，让整个班级为你而骄傲！"学生们个个摩拳擦掌，跃跃欲试。准备过程认真积极，谨慎投入，最终，班级考试成绩在年级中遥遥领先，学生们用拼搏和汗水证明了自己的能力和价值。

李正华在"班主任论坛"中交流工作经验

常存警惕之心，胸有应对之策

行百里者半九十，做事愈接近成功愈困难，学习亦然。李正华认为，高三后期班级管理如果考虑不周，稍有不慎就可能功亏一篑。作为一名班主任，他总会提醒自己要常存警惕之心，胸有应对之策，做到慎始敬终，防微杜渐。

高三下学期，学生初进高三时的新鲜感、紧张感、兴奋感和学习的热情都在逐渐减退，对高三学习生活的节奏和规章制度也已习以为常，常认为"高三不过如此"。在这种形势下，预备铃响后赶不到教室、课前迟到、自习课随便出入、课间说笑打闹、不能按时晚休、卫生质量下降等各种散漫行为就会层出不穷。作为班主任，李正华借助"百日誓师大会"，会后召开主题班会，提出"'百日誓师大会'对你有所触动吗？你真正做到严格要求自己了吗？你做到全力以赴了吗？你还有多大潜力？以前做过的题再遇到还会出错吗？你认为智商重要还是情商重要？"等问题，或让学生讨论，或让学生写出自己的感悟，然后以座右铭的方式记下贴在桌子上，以示永远铭记。之后结合近期班级出现的一系列不良现象，严正指出症结所在，坚决杜绝此类问题继续存在，给某些学生"当头棒喝"，使其猛醒。从活动的最终效果看，班级的学习氛围有了明显的改善。当然，李正华觉得常抓不懈的前提是班主任能时刻警钟长鸣，持之以恒地坚持下去。

警惕说教平庸化，"老生常谈"会失去积极的教育意义。李正华善于运用当下新意盎然的新鲜题材作为教育内容，以引起学生的兴趣或达到震撼性效果。他曾经用过乒乓球比赛中名不见经传的选手战胜名将的例子，召开了一堂别开生面的主题班会。学生听得聚精会神，每个人都流露出自信的眼神，学习积极性也空前高涨。

警惕学生心理障碍，班主任应细致观察、善于发现，多与之沟通、交流，多一些关爱和帮助。在班主任工作中，李正华一直强调正确的心态应该是既要谦虚、谨慎，又要有信心。为了让这种良好的心态深入学生的内心、转化为实际行动，他总会在考试前后找学生谈心，利用主题班会集中宣传，每天保证早中晚、课间、自习时间到教室转一转，多和学生接触，及时了解情况，反复强调、不厌其烦，产生了不错的效果。

对学生的管理是在不断反复、迂回曲折中前进的过程，高三后期管理也不例外，李正华就是用自己的责任心、公平心、爱心、细心和耐心，为学生搭建了一个相对稳定的环境和氛围，让学生们在高三这一关键时刻，以一颗平常心走近高考。

李正华在课堂上

班级管理"团结、紧张、严肃、活泼"

"一枝独放不是春，百花齐放春满园"，在李正华的班级管理日志中，每一个学生都是重点，每一个问题都是重点，在学生学习、素质培养方面，他在把握一种平衡，以使班级管理真正走上良性发展的轨道，真正回归教育的内涵和本真。

高中学科的大容量和高难度决定了学生只有具备坚忍的意志品质，才能完成高中的学业，取得优异的成绩。为此，李正华做了大量行之有效的工作。通过开设"名人论坛"，开展"寻找身边的榜样"，组织班训、班标征集等活动，加强学生的志向教育；通过播放视频、讲历史故事等，加强学生的自尊教育；通过精心设计"真情互动"大型系列主题班会，"给父母的一封信"等活动，对学生进行感恩教育。

在班级活动中，他注意调动每个人的积极性。利用"班级日志"，让学生们积极观察和思考；利用"课前五分钟"（海阔天空话时事、名诗名篇朗诵、开心一刻讲笑话、佳作赏析、日记分享）和班会，让学生们学会表达和展示；利用"班级义工"，让学生们学会奉献和担当。

　　李正华认为班级管理最好的状态就是，既要有铁的纪律，有一种积极向上的正气，紧张充实、投入高效，又要保持活力，有一股"源头活水"，让学生敢于说、敢于做，充满青春的激情与活力。师生之间亲密和谐、水乳交融，才能产生出最好的教育效果。他跟每一届学生的关系都可以用"渐入佳境"四个字来概括，起初严格要求的陌生感、不适感，都会在日积月累的活动中理解和消释。当元旦晚会上学生们深情地喊出"正华，我们爱你"，当毕业的钟声响起，学生们依次与他拥抱，他都会为之深深地感动。作为一名老师，有了与学生的心有灵犀，还求什么呢？

　　著名特级教师于漪曾写道："如果人的生命有一百次，而且每次都可以让自己选择职业，那么我将一百次选择教师——这个太阳底下最光辉的职业！"这句话道出了李正华的心声。他是一名真正的勇士，把教师这一职业当作一生的事业去追求。在这个浮躁的社会中，李正华所追求的是最简单但是最有正能量的，他让自己充满故事，这些故事只属于他和他的学生们……

优秀班主任张志山

做学生的一面旗帜

张志山，中共党员，高级教师。1987年毕业于山东师范大学生物系，先后两次被评为历城区教学能手、三次被评为历城区教育先进工作者，获得学校"飞鹰奖"、济南市优秀教学论文一等奖、山东省生物奥赛优秀辅导员。在30年的班主任工作中，所带班级曾被评为济南市优秀班集体，本人被评为学校首届名班主任。

教育格言

"树人"是社会发展的重大工程，倾其一生去追求才是教育的成功者。

教育感悟

教好一门课你只是优秀教师，能每年做好班主任工作你才是真正的教育工作者，职业自豪感来自于无私的奉献。

"张老师是我的一面旗帜，他激励着我要做一名学生喜欢的好老师。"现为全国优秀教师、山东省特级教师的李莉，是张志山老师的学生，她始终都把张老师作为自己人生中的榜样。正如李莉所言，张志山老师虽然已经52岁了，但他仍然坚守在班主任岗位上，不求回报，为的就是一份踏实和责任。

1+2+3=责任

30年的教育生涯，张志山如此诠释"责任"：责任是一个人对自己、对单位、对事业的忠诚和归属感。这份理解扎根于内心，他敢担责，并用实际行动走出责任人生。

"1+2+3"是张老师一段非常珍贵的人生经历。2006年他开始从事级部管理工作，工作本就非常忙碌，而那时，由于班主任人员紧缺，他又主动承担了两个班的班主任工作。级部工作加两个班的班主任工作，外加三个理科班的生物教学，在如此大的工作量面前，张志山内心从未动摇过，他不仅仅挑战了自己，给大家带了一个好头，而且他用行动告诉大家，责任背后要讲科学、要善付出。大家看在眼里，记在心里，称他为"铁人"。

"铁人"如何做到忙中有序？张老师有自己的一套办法：重点抓级部常规管理，比如针对宿舍管理，他每天上午都会到公寓楼，与生活老师对接，为了解决宿舍管理的纪律问题，他创新性地使用整改反馈单，使问题得到有效解决，直到现在，该管理方法仍然在宿舍管理中发挥着重要作用。在班级管理中，他注重合作与竞争，让学生成为班级管理的主人，两个班级既是"兄弟"又是"对手"，在合作中取长补短，在竞争中增进友情。在教学工作方面，他抓备课，把自己的备课都安排在晚上，因为忙碌了一天，只有晚上才能静下心来。

张志山在回忆起这段经历时并没有觉得惊天动地，只觉得那是一段普通而又非常充实的日子。累是肯定的，但更多的是收获，同时对教育也有了更深刻的理解：每一个付出的日子总是充满阳光，这些阳光不仅播洒在学生身上，更让他自己对未来充满希望。

张志山拥有一颗平常心，做学生的知心人。

有爱的教育触及学生心灵

张志山30余载育桃李，最欣慰的莫过于他培养的一批批学生。学生们毕业了，但依然会记得张老师最早来到教室，用自己的勤奋和良知去做自己该做的事情；学生们毕业了，但依然会记得张老师不让一个学生掉队，把最调皮的学生安排在最醒目的座位上；学生们毕业了，但依然会记得张老师最严厉的"温暖"，对每一个违规违纪学生的"不客气"，让他们工作以后依然时刻提醒自己做一个踏实、守规矩的人。

教师还有一个特殊的角色就是服务者，张志山对此也深有体会。他愿意做一个贴心的服务者，因为每一个学生背后都凝聚着一个家庭的期望。在寄宿制学校当班主任，网络不发达的时候电话特别多，现在社交媒介发展了，留言特别多。他特别体谅家长的心情，不管多忙，张志山总会在家长群、电话中耐心坦诚地解答各种问题，每次大休前都会在群里叮嘱到位。如有特殊情况，他也总会回复家长稍等一会，忙完回电。

张志山是一位铁骨汉子，他的举动深深感动着学生。一次在高三师生集体活动时，因为低血糖加上过度劳累，他晕倒在地上，但他醒后第一件事就是回到教室继续上课。

有家长说："我希望自己的孩子以后能当老师，但是不要做历城二中的老师，太辛苦了！"这句话道出了做教师的不容易，尤其在历城二中做教师更不容易。张志山欣慰的是家长们看到了老师们的付出，而且很多家长被老师们所感动，他们在理解、信任学校和老师的同时，纷纷参与学校各项事务，群策群力，形成了家校合力。

教师被称为"人类灵魂的工程师""辛勤的园丁""无私奉献的红烛"，是学生最坚实、最强大的支撑，是为学生打开知识大门、激励学生走向未来的人。作为教育工作者，张志山愿意成为学生最坚强的臂膀，因为他希望自己的学生拥有不悔的青春，希望自己的学生在走出校园时依然带着梦想坚定地走向远方……

优秀班主任张治国

当好老师无捷径，唯有心甘情愿

张治国，2002年7月毕业于山东师范大学数学系，在历城二中从教至今。工作以来，连续10年担任毕业班班主任。现为历城二中高中数学教研组长、历城区高中数学学科带头人、济南市高中数学学科中心组成员，曾被评为济南市优秀班主任、历城区优秀教师、历城区教学能手等荣誉称号。

教育格言

用教师的智慧使学生得法于课内、得益于课外！

教育感悟

在教育的百花园中，百花吐艳离不开园丁爱的奉献；在金秋的硕果园里，硕果累累离不开耕耘者心的浇灌。

　　张治国老师是一位特别有教育思想、教育智慧和教育情怀的老师，他对待工作认认真真、一丝不苟、充满激情，就是这样认真的工作态度使他的业务水平迅速提升。他曾经记录了一段自己的感悟："我是历城二中一名普通的数学老师，既是学校发展的见证者，也是参与者，更是学校发展的受益者。作为一名普通老师，没有做什么大事，回想自己这十几年的工作，只是认认真真地做了自己的本职工作：数学教学和班级管理。"就是这样普通的想法支撑着他在教书育人的道路上越走越远、越走越宽，不仅成为一名好老师，更成为一名优秀的班主任。

用教育智慧培养学生的数学思维

　　刚工作的时候，张治国老师认为数学教学就是解题教学，作为数学老师必须要会解题。带着这样的想法，他做了大量的数学试题，每一年的高考试题和各地市的模拟试题以及各高校的自主招生试题都是他的第一手材料。那个时候，张治国老师每天只要一有时间就做题，然后归纳、总结、分类，几乎每周都能用完一个读书笔记本。他认为这是他教育理念的量变过程。

　　从量变到质变需要一个过程，更需要一个契机，一个使教育者思想转变的契机。张老师思想转变的契机来源于一名已经毕业学生的一句话，那位学生告诉他："老师，你教给我的数学解题方法我全忘了，但对每节数学课的板书和那口不知何地但听起来异常好听的方言却印象深刻。"这句无心的玩笑话触动了他，促使他重新审视、反思自己的教学。他不禁问自己："学生在我的数学课上能得到什么，我又能在数学课上给学生留下什么呢？"

　　带着这样的思考，张治国认真研读新课程标准，并从网上搜集现代最前沿的数学教育理念和教育教学方法。他雀跃于"数学是思维的科学，是思维的体操"这个表述，于是他在课堂上做了进一步延展，在自己的教学过程中展现数学思维过程，具体来说，就是要展现概念形成的思维过程、结论推导的思维过程、解题方法的思考过程、问题被发现的思维过程、规律被揭示的思维过程，并把数学教学中的思维活动作为教学的研究对象，使自己的课堂更有生机与活力，使学生更容易接受。在课堂上，他不仅仅教会学生解题，更重要的是教会学生解决问题、分析问题的思路与方法，学生毕业后，具体的数学问题可能不会解了，但是学生在处理问题时的思维方式和行为习惯一定会有数学思维训练的烙印！

50级的学生从清华园给张老师寄来中秋贺卡说："三个月没学数学了，很想数学。超喜欢你讲题时清晰的思路、漂亮的板书，还有那口异常亲切的方言。老师的高水准让我们保持住了对数学的热情，希望能从您身上得到源源不断的力量……"

只听过张治国老师一次课的外地学生给他留言说："若是能早些成为您的学生就好了，或许我会对数学这个学科迸发出更多的热情。"

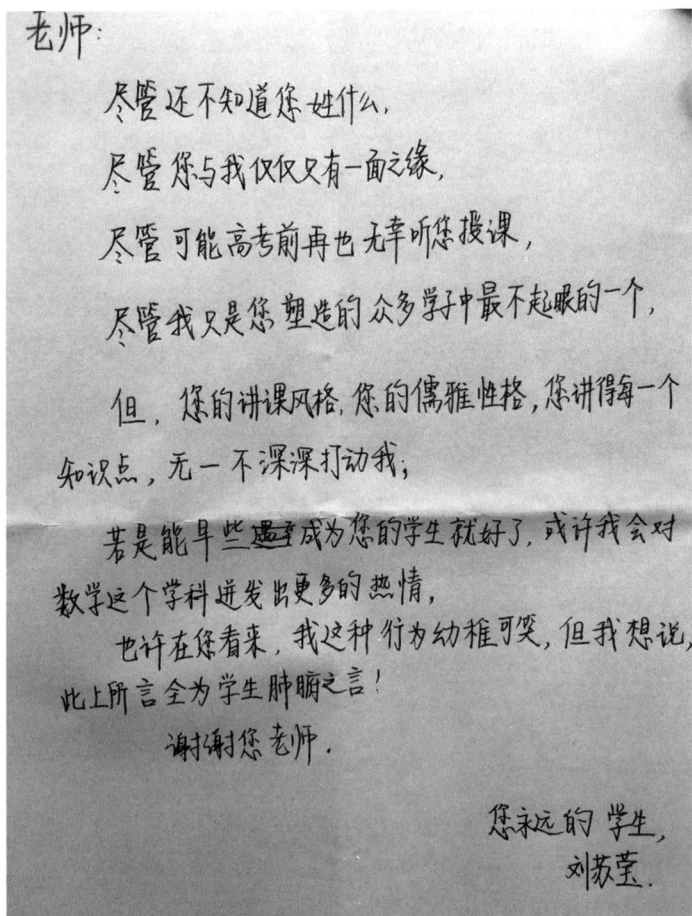

外地学生给张治国的留言

张治国心向学生，与学生同甘苦。

文化育人与情感育人渗透在班级建设

张治国老师说："教育是一项需要爱心的事业，富有爱心的老师才可能成为一个好老师；班主任工作是烦琐的，更是辛苦的，只有富有爱心的班主任才能管好学生、带好班级，只有全身心投入才能调动自己的无限潜能把班主任工作做好，形成自己的带班风格和班级管理理念。"

张老师认为，人管人，是一种约束；而文化对人，是一种启迪，一种引领。所以他的班级管理理念很简单，就是"调动学生，文化育人"。

文化育人，说到底就是打造班级的文化，班级文化是形成班级凝聚力和良好班风的必备条件，是使学生形成良好的品德、塑造积极向上的班级精神、促进学生健康成长的有效手段。2011年，张治国从高三接过一个班，他发现该班学生整体素质很高，但是缺少班级认同感，同时有几个学生文学素养和音乐素养都很高。带着这样的发现，他从带领同学们创建自己的班歌入手，点燃了同学们对班集体的热爱之火。填词，谱曲，修改，打磨，一首有模有样的班歌"诞生"了："斗志昂扬拼搏自强，我要让我生命怒放，就像青松依然迎着风和浪……"振奋的歌声回响在班级的每个角落，他和他的学生们用最动听的歌声诠释了一种积极向上的力量。

我们的信仰（原创班歌）

（46级24班　班主任：张治国）

我们已经走得很远　远的望不到天边

花开几时有　花落无人见

笑泪藏在心里面

拾起风干的书签　脉络清晰可见

回忆的咖啡　在春天里打翻

我们信仰不变

过去欢乐忧伤早已消散看不见

我们未来还有希望氤氲在眼前

风声雨声书声琅琅仍会回荡在屋檐

我们会永远向前

坚定步伐踏过风雨无人阻我一剑指天

钢铁锋芒破尽万水千山

前路依然充满阳光　乌云崩坼永耀心房

斗志昂扬拼搏自强　我要让我生命怒放

就像青松依然迎着风和浪

弹指光阴似水流年　携手共进再创辉煌

辉煌

张治国老师就是这样，把同学们最美好的愿望转化为具体行动，让共同的目标转化为同学们前进的动力。每带一个班级，他都会发动学生，结合班级特点撰写班级誓词，而且做到每天宣誓，久而久之，就形成自己的带班风格。

张治国最有成就感的事情是拥有一帮学生

　　带着尊重，带着欣赏，带着敬畏，张治国与他的一届届学生们编织着美好的梦，他更期待着他的学生们都能化为真正的勇士。他曾经也带过一个特别让人头疼的学生，2012年接高三的时候，有个学生成绩在班内倒数，而且对现在的高考制度很排斥。谈心、沟通、交流，张治国老师期望能够转变他的认识。一次次推心置腹的交流，终于唤醒了这个孩子对学习的认识。后来，这名学生考入了哈尔滨工业大学威海分校。或许是因为经历过这样一个过程，在大二那年，这名学生去西藏义务支教了一段时间，期间他给张老师发过一张照片，告诉张治国老师，是老师影响了他，让他带着最美好的心情走进西藏，走进那群可爱的学生。

　　张治国认为做教师是没有捷径的，最好的捷径就是脚踏实地，而且对待工作要发自内心，要把工作作为理想而不是混饭的工具，相信在成就学生的同时一定能实现自己的理想！张治国在高考时收到了学生送给他的鲜花，他说："教师就像在长满荆棘又开满鲜花的小路上默默前行，会有荆棘磨炼你的意志，同时还会有鲜花奖励你的付出！"

优秀班主任张金保

用爱陪伴学生慢慢成长

张金保，2004年毕业于济南大学理学院数学与应用数学专业，在历城二中工作至今。曾被评为济南市优秀班主任、历城区优秀教师、历城区教学能手、历城区骨干教师、历城区优秀班主任、历城区素质大赛一等奖、历城区优秀共产党员等。所带班级曾被评为济南市优秀班集体。

教育格言

真诚付出，静待花开。

教育感悟

教育就是师生之间的一段生活。生活是快乐的还是痛苦的，一来取决于老师的心态，二来看老师为学生做了什么。

做老师是幸福的，这样的幸福其实很简单，就是为学生做阶梯之后的成就感，就是师生之间一段美好的相处和相处之后的回忆。

14年了，张金保从容地走在自己喜欢的教育之旅中，他珍惜与学生的相遇、相识，内心坚守着对于每一个生命的敬畏与尊重，于是在每一个陪伴学生成长的日子里，他总会把责任转化为信任与悦纳。他说只有当自己真正去理解学生了，自己与学生的心才会贴得更近。

管班级：绝对执行与相对平衡

作为一名班主任，张金保在班级管理中坚决做到刚性管理，即：一切照章办事，不讲情面，形成制度面前人人平等的局面。

张金保带高一时，总会有几个学生试图挑战班级管理的底线，但总会被他的"绝招"制服，且心服口服。有一次大休前，他在班里重点强调了大家要利用假期理发。对于这个问题，他早有预料，结果返校后他发现果然有四个男生没有理发。

于是，他把这四个男生请到办公室，面带微笑地对他们说："老师这里有备好的理发工具，试试手艺如何？"这四个男生面面相觑，但也欣然接受。其实，这是张老师第一次给别人理发，尽管有点心虚，但表面上他镇静自若。理完发后，孩子们被他认真的精神感动，但当听到这是他第一次给别人理发时，直呼"上当"。后来，张老师就出名了，同学们也不再为头发的事情"麻烦"他了。

在碰到班级管理与学校管理冲突的问题时，张金保认为作为班主任，应该去均衡，而且可能会出现事半功倍的效果。每个周六晚是学生们最开心的时刻，这是级部统一规定的"周末影院"时间，级部总会安排播放经典大片。后来，学校组织的"老科学家科普报告团进校园"活动的时间也安排在周六晚，周末影院的时间就被占用了。张金保发现因为此事学生们负面情绪较多，考虑到两个活动都对学生发展有着重要的意义，于是，他积极与学校协调，最终保留了周六晚的"周末影院"活动，将"老科学家科普报告团进校园"活动安排在了其他时间。现在，两个活动都成了学生们非常期待、非常喜欢的活动。

教学生：让孩子们心中有"他人"

带一轮学生，他准备的课件有100多个，对于常规班会总有精心的准备，而且每一个班会都有一个主题。对于一些特殊班会，他也精益求精。他始终认为，班会是实施德育教育很好的阵地，也展现了一个班主任的教育智慧。其中，有一个主题他认为特别重要，就是"让学生心中有'他人'"。

为此，他带孩子们去做特别的体验：把孩子们分成两组，通过计时报数这个游戏，让大家明白什么是责任、什么是团队、什么是规则。他在自己的本子上密密麻麻地记录着孩子们成长的过程，让孩子们感受到老师心中有他们，他还鼓励家长们参与到班级管理和活动中来，让孩子们在寄宿制这种特殊的环境中感受到家长的陪伴，让他们在成长中更有力量；他组织同学们共同编制班报——《朝阳》，倡导大家心中有班级，为他人服好务，对班级有责任。

当学生心中有"他人"时，学生的成长中就会充满欢乐，同时也会带给别人快乐。张金保记得曾经有一次在无意间提到了自己的生日，第二年生日时，他就收到了同学们给他准备的贺卡，每张卡片上都写满了祝福。家长们

张金保与学生在一起

也不止一次地跟张金保说："孩子长大了，在家总能给家长分担一些，照顾老人、做做家务等等。"外出活动的时候，同学们总忘不了捡拾垃圾，总忘不了帮助有困难的同学，总忘不了给同学的水杯灌好水。

教育细节不需要过多地去修饰，班主任要随时抓住教育时机让学生有所感悟、触动心灵，进而引发学生的思考，并转化为行动，这个过程应该是顺其自然但需要教育技巧的。所以，张金保更愿意把学生引入到情境中，让他们在潜移默化中改变。

谈教育：用平和心态静待花开

曾经张金保以为：开一次班会，便统一了学生的思想；找一个学生谈话，便谋划了他的未来；提出一个奋斗目标，便应者云集；每天披星戴月24小时待在教室里，便非常伟大，学生定会受鼓舞而不用扬鞭自奋蹄；向学生倾诉自己顾不上家庭孩子以高考为重，便以为学生会心生感动、热泪盈眶……直到有一天，有个女生对他说："老师你还是在家多陪陪孩子吧！"直到有一天，他因事请假不在校，几个男生知道后欢欣雀跃……难道"捧着一颗心来，不带半根草走"是错误的吗？难道拼命投入工作是错误的吗？这些深深刺痛了张金保的心。后来他一直在反思，为了所谓的学生的前程，为了高考成绩，对学生要求过严，自己只不过是以"爱的名义"绑架了学生而已。

现在，他越来越懂得：教育是师生之间的一段生活，教育是师生的共同成长，教育是师生内心的愉悦体验。成绩只是教育的副产品，在学生成长过程中只是十个指头中的一个，决不能抑制其他九个而让其一枝独秀，这样的结果将会是全军覆没。而且，有一点张金保特别肯定：有些花开在春天，有些花开在秋天或者冬天，所以，当老师尤其是做班主任，要学会等待，等待学生的慢慢进步。

让张金保思想转变的根源还在于一个学生。那个女孩成绩不好，再加上生活中的挫折，她对高考产生了抵触情绪，于是弃学在家。作为班主任，张金保和其他老师、同学三次走进她家。最终，孩子答应复学，但是要换学校。

当时在张金保的心里只有一个信念——只要孩子上学就行。于是，他和其他老师再三协调，帮助她去了另外一所学校。一周之后，孩子回来了，她告诉张金保：她舍不得二中，二中更适合她；她舍不得同学，同学们总是惦记她；她舍不得张老师，张老师没有放弃她。

张金保"平等民主"的班级管理

重返校园的她，心态有了很大变化，当从心理上战胜挫折时，她会变得很强大。那年高考，她如愿考入一所心仪的大学。后来，回到母校看望张金保时，女孩告诉他，她要利用寒假时间去离家很近的一所大学上自习了。因为她在刚上大学的时候就给自己定下一个目标：考研！她感觉有目标真好，曾经二中带给她的就是她坚持下去的理由！

现在，学生理解他，并如此形容他："晚自习，他如壁虎般趴在窗户上看着我们。"学生欣赏他，并如此评价他："无论何时，只要保哥坐着，手中总离不开一本书，每隔一段时间便更换一本。一个数学老师，却偏偏满腹经纶、博古通今。保哥那对知识孜孜以求的心时时刻刻都向周围散发着正能量，同时也激起了我们对知识的渴求。保哥的爱好颇多，对于艺术也有所涉猎，戏唱得有模有样。"学生尊重他，并如此赞赏他："每天早上来得早的同学会发现班主任来得比自己更早，而快要迟到的同学以百米冲刺的速度'飞'到班里后，总会心惊胆战地看到保哥一脸严肃地站在讲台上。就这样，在保哥的陪伴下，一天的生活又开始了。他虽是班主任，却更像是一位拥有60多个孩子的父亲。"

每一个学生在他眼里都是一个立体的、丰富的世界，花开的时候固然盈香满园，但奋斗的过程更让人记忆深刻。他觉得静待花开时，需要历练自我，不能急躁，要平心静气地与学生相处，善于化解每一个让学生困惑的问题，只有让学生信任自己，才能成为学生思想的导师。

优秀班主任张海光

追寻教育的幸福，让人生价值在三尺讲台上升华

张海光，中共党员，2005年毕业于山东师范大学外国语学院。工作13年来，曾被评为历城区政府教学能手、历城区名班主任、历城区优秀班主任、区优秀教师、历城区优秀共产党员、历城区青年岗位能手、历城二中十佳青年教师、历城二中名班主任等，承担国家级、省级课题两项，在《班主任》《山东教育》《济南教育》《21世纪报》等发表论文20余篇。

教育格言

在教育的百花园中，百花吐艳离不开园丁爱的奉献；在金秋的硕果园里，硕果累累离不开耕耘者心的浇灌。

教育感悟

教师的对象是富有情感的、具有纯洁心灵的学生，教师的辛勤劳动和坦诚之心一旦感染了学生，就会引起学生对教师由衷的敬爱。

当教师必不可少的，甚至最主要的品质就是钟爱学生。

教育是一方期望的田野，最忌讳根浮叶衰、揠苗助长。只要耕耘不辍，加以丝丝甘霖，就会有春之繁华、秋之收获。

教师的生涯也许终不成什么惊天动地的伟业，但他应像山间的小溪，以乐观的心态一路欢歌，奔向海洋；当如馨香的百合，轻展带雨的花瓣儿，聚合摇曳的身影；当如灿烂的星辰，甘于在静寂里守望天空。只有这样，他才会在付出青春韶华、付出苦汗心血的同时，收获桃李芬芳，实现人生自我。

作为一名教师，幸福是什么？海光老师如此解读："幸福是忙碌和充实带给自己的价值感和成就感，是价值观得以展现和分享带来的自豪感，是和学生心与心交流获得的满足感，是与家长交流沟通时他们的认同感，是内心对所从事事业的感恩和憧憬。"海光如此深爱着教师这个职业，所以他一路阳光，走在幸福的教育路上。

让学生感受到尊严

学生总会记得老师的"特殊关照"，有时候这份关照会影响他一生。每年海光都会收到毕业学生的祝福与礼物，其中有这样一条短信让他记忆深刻："张老师，一年来最难忘的是您对我的理解和宽容，尤其是您那天留给我的尊严，我会永远记着您的宽容，认真走好人生的每一步……"这条短信不禁让他想起了高考前的那个下午。

那天下午，正值听力时间，海光走进教室指导学生。看到同学们全神贯注、高效训练的状态，他心里有一种说不出的高兴。可当发现一向表现不错的陈凯同学趴在桌子上睡觉时，他马上走过去轻轻拍拍陈凯的肩膀，提醒他认真听听力，出乎意料的一幕出现了。陈凯同学抬起头，用很高的声音说："老师，这都快高考了，您就不要管我了！"其他同学唰地一下把目光投向了这里。

张海光发现陈凯的眼睛通红，好像刚哭过的样子，于是和蔼地对他说："先听听力吧，如果有事，可以课下到办公室找我。"陈凯还是趴在桌子上，不断地抽泣着，双肩在不断地颤动……

张海光知道孩子一定受了什么委屈，就在课后把陈凯叫到了办公室。原来是孩子压力很大，想让父亲到学校来看看他，没想到父亲因为工作忙碌没能来，他便固执地认为家长一点儿都不关心他的高考和前途，从而有些心灰意冷。张海光和他进行了一番畅谈，解开了他的心结。陈凯临走时深深地向张海光鞠了一躬，激动地说："老师，我明白了，谢谢您！还有，我要向您道歉，您千万别生我的气。也谢谢您在同学面前给我留面子。"张海光拍了拍他

的肩膀，并庆幸当时保持了冷
静……

张海光总能换位思考，他
觉得当学生犯错误时，万不可
逞教师一时之威，毫无忌惮地
伤害学生的尊严，要晓之以理、
动之以情，让他们在心底意识
到所犯错误。作为教师，要怀

张海光把阳光传递给学生

着一颗感恩之心，时刻注意矫正自己的行为，做到自励、自省。因为学生每
一个看似不被理解的"错误"背后，往往隐藏着一颗脆弱而又敏感的心。只
有细心洞察这些所谓"问题学生"的内心世界，才能真正做到对症下药。

带着爱为学生"疗伤"

班主任在陪伴学生成长的时候，总会遇到非常棘手的矛盾和问题，而一
个真正优秀的班主任会妥善处理好这些矛盾和问题，帮助学生迈过一道道坎，
成为学生的心灵导师。张海光曾经困惑过，但当他一次次解决好这些问题的
时候，他对班主任这个特殊的角色有了更加明朗的理解和认知。

"老师，我真的学不下去了！自习课上，我老听到后面的男生议论我，说
我的坏话！"期中考试后，成绩突然下降的小曦找到张海光，向他哭诉。张海
光经过询问和了解，得知小曦最近在自习课上总是能听到有类似议论她的声
音，困扰着她，使她不能平静地学习。她也曾询问过周围的几个同学，他们
都表示没有听见过。小曦非常害怕，认为自己精神出了问题，很是苦恼。

张海光有些担心。他马上和小曦父母取得联系，进一步了解情况后得知，
父母曾听过孩子的哭诉，但没有及时宽慰孩子，反而多次批评孩子过于敏感。
小曦越陷越深，对此父母也一筹莫展，束手无策。

张海光学过心理学，知道这种情况必须要通过心理干预才能真正解决，
于是他又联系了学校心理咨询室具有丰富经验的蒋老师。第一次咨询后，小

张海光经常与学生"谈心"

曦表情明显轻松多了。针对小曦的问题，张海光和蒋老师秘密地给小曦开了一个"药方"。

张海光首先给小曦父母打了电话，请他们加强与孩子的沟通交流，多耐心倾听，多寻找发现她的闪光点，以鼓励为主。接下来，张海光又找到小曦在班内几个关系还可以的同学，让她们在平时学习生活中多陪伴她，主动邀请她参加集体活动，多和她聊天，尽量不让她一人独处，并且多帮助她解决学习上的困难。第三，张海光每天都抽出一点时间与她面谈，并适时表扬她当天做得比较好的地方，鼓励她战胜困难，继续努力。

经过近一个月的时间，笑容又重新浮现在小曦的脸上。小曦的父母告诉张海光，孩子回到家有时会一个人高兴地哼着歌曲，看来已经摆脱了以前糟糕的情绪。小曦的成绩也不断进步，稳定在了班级中上游的水平。

张海光老师从这件事情上也思考了很多，他说，当班主任不要轻易给学生扣上心理不正常甚至精神出了问题的帽子，更不能置之不理、任其发展，而是应该和家长、学校心理咨询专业人员、其他任课老师以及班内同学积极配合，带着满腔的爱走进孩子内心，了解其想法，找准原因，对症解决，让孩子重拾信心，找到价值感，让孩子感受到来自老师、家长和同学的关心和温暖，让孩子一步步走出泥潭，走向正常而美好的人生道路。

巧借班级群搭建家校沟通桥梁

著名教育家陶西平说过："如果不与家庭和社会教育相结合，学校教育就显得苍白无力。"良好的家校合作氛围能使我们的教育工作事半功倍。张海光老师作为一名寄宿制学校的班主任，总会想方设法让家长了解、参与到班级管理中。而班级群的使用，给张海光的工作带来了很多启示。

新班集体成立后，张海光会适时发表一些关于班级管理的想法，并提出来和家长们交流。比如，他曾在群里写下了这段文字："一想到班里的孩子都是2000年出生的，我的内心顿时就柔软起来。想想看，当我上高中的时候，他们还都是刚呱呱坠地的婴儿，多么可爱。他们平时偶尔调皮一下，甚至犯点错，有什么不能原谅的呢？但转念一想我此时的身份——是老师还是班主任，我就感觉自己肩负着教育并规范他们成长的责任。如果我此时对他们放任自流，听之任之，才是对他们和大家的不负责任，就如同园丁绝对不允许花草树木任意疯长一样，他们会适时修葺一下，剪掉那些乱生的枝叶，目的是为了让他们健康成长。因此，我会对孩子们严格要求，对他们出现的错误会及时指正，必要的时候甚至也会严肃批评教育，期待您的理解和配合。"没过多久，家长们的留言就刷屏了："老师，我们完全理解您的心情，请放心，我们一定全力配合。""请老师对孩子们严格要求和管理，我们会做好后盾，坚定地支持您！""看得出老师非常认真负责，孩子在您手中我们做家长的一百个放心。"

112

优秀班主任王宴明

生命因教育而美丽

王宴明，2006年参加工作，一直担任生物教学和班主任工作。曾被评为历城区优秀班主任、历城区优秀教师等。参与国家级课题2项，参编校本教材《生命教育》。国家二级心理咨询师。

教育格言

成功总是属于那些对学习和生活抱有积极心态的人。

教育感悟

教育者要有宽容的品性。宽容是一种胸怀，一种境界，一种精神品质。当面对能力大小不同、水平参差不齐、秉性各有优缺的众多学子时，宽容能让我们体会他们的快乐，理解他们的苦楚，并真诚关注、指导他们的言行。

师生共同成长是教育最有效的途径，也是教师获得幸福感最强的途径。不要只把教育当成工作，它更是提升我们的修炼场；也不要只把学生当成学生，他们就像一面面镜子，照出我们自己的不足。

教育是快乐的，真的是快乐的。

从教10年来，无论是生物教学还是班主任工作，王宴明总是带着激情投入其中，在其文质彬彬的儒雅书生形象下蕴藏着巨大的正能量。入职以来，他一直争做学生喜欢的老师。在他看来，每一件教育小事都是大事，这让他拥有了对教育事业最真切的理解和继续前行的力量，也让他无时无刻不在享受着教育的美好。

让爱的阳光照进学生的心灵

2007年，王宴明从高二开始接管新班，班里有个叫李华（化名）的孩子让他特别头疼。孩子网瘾严重，曾与家长闹翻，甚至要弃学打工挣钱上网，并曾在戒网机构待过。为了能让李华步入学习的正轨，王宴明专门到李华家中走访，希望能找到解决办法。

这次家访，深深地触动了这位年轻的班主任。李华的奶奶拉着他的手，一筹莫展地告诉他，全家人的眼泪都为孩子流光了。听后，王宴明心中那份责任感更加坚定：一定要改变孩子。当时寒假马上开始了，李华家长最担心的是孩子自己在家里，又会迷恋上网。在和家长的交流中，王宴明感受到了家长的无奈，他提出自己带孩子一起回临沂老家过年。孩子家长非常感动，怕给他添麻烦，但还是抱着试试看的想法让王宴明把孩子带回了老家。

王宴明老家在临沂，从小家境贫寒。当他带着李华回到农村老家时，李华还是被这种天壤之别的生活差距触动。虽然家庭条件不好，但老师一家其乐融融的氛围还是深深感染了李华。王宴明的父母是地地道道的农民，他们用朴实的语言与孩子交流，讲述老师成长中的小故事，这让李华第一次对老师有了深入的了解。

睡在农村的大炕上聆听老师的故事，跟着老师探亲访友，这个寒假中所经历的一切，打开了李华的世界，也打破了师生交流的障碍。他开始信任王宴明，同时，王宴明也找到了孩子的症结所在：父亲"棍棒式"的教育方式导致了孩子对家长的不信任，叛逆时期的李华在网络中找到了一种心灵上的平衡。短短十几天的相处，李华和王宴明老师成了无话不谈的朋友。

王宴明清楚，李华的教育其实才刚刚开始。回到学校后，他眼神的"叮嘱"，不经意的"问候"，慢慢打开了李华冰封的心灵。李华在王宴明的关爱下逐渐从网络中走出，阳光再次回到他的脸上，并在老师的"特殊安排"下，与父母深入交流，领悟了父母的良苦用心。

王宴明说，自己的付出能给一个家庭带去快乐，是自己工作的最大幸福，这是他的责任，他愿意付出。

教育是慢的艺术，享受它带来的快乐

当班主任很辛苦，尤其是在寄宿制学校里当班主任。王宴明在十年的班主任工作中得出一个结论：教育是慢的艺术，不能急于求成，而要循序渐进、细水长流，只有这样才能在最苦最累的班主任工作中享受到特有的工作快乐。

新高一，他会让家长写一封信，在信中家长会把孩子性格特点、生活环境、特长兴趣等都告诉他。他每每有时间，就会拿出来看，做到对每一个学生了如指掌。他了解到，有的孩子在初三下学期因叛逆成绩严重下降，有的孩子因家庭离异对他人缺失信任……每一个细节他都做标注，并铭记于心。在距离高考还有10天的时候，他会给每一位学生写一张鼓励卡片，或是表扬，或是提醒。66张明信片，承载着满满的祝福与期望。每一张卡片，每一封书

冬至，师生在餐厅包水饺。

信，都是王宴明与学生心与心的交流，都让学生铭记一生。

在学校，他总是找准机会给学生惊喜。有年冬至，王宴明提前到饭店订好水饺，让学生在繁重的学习中感受到了传统节日带来的温暖；母亲节，学生一走进教室便能听到周杰伦的歌曲《听妈妈的话》……

每年寒暑假，他都会选择4~5名学生进行家访，他们之中有的因家境贫寒心理自卑，有的学习上吃力需要鼓励，还有的因为刚刚犯了错误在家反省。每次家访，王宴明都会买上一盆蝴蝶兰或者其他绿植，或是带上一

毕业前，王宴明给每个学生写一张鼓励贺卡。

本鼓励学生笑对人生的书作为礼物，很多问题都在温馨的氛围里解决了。

融洽的师生关系，让教育充满幸福

成功的教育就是要培育鲜活的生命，有爱的生命才是鲜活的。

王宴明认为，教育、成长、爱就像三角形的三个顶点，教育意味着师者和学生的共同成长。要想达到共同成长的目标，爱是关键。老师无私地去爱每一个学生，关注他们的优缺点，及时表扬和勉励。学生爱老师，认同老师的教诲。

有爱的地方就会有奇迹发生。有一年军训第一个家长探望日，下午6点，王宴明在检查学生纪律时发现，一个高个子男生情绪非常激动，满脸不高兴地在教室后墙角与其他学生说话。王宴明凭直觉感到有问题，他就把男生喊出教室，仔细询问。原来这个学生本不想让父母来看望，但看到其他同学的父母与孩子有说有笑，又感到特别失落。王宴明留下孩子家长的电话，让孩

子先回教室等消息。经过与孩子父亲沟通，共同编织了一个美丽的谎言，说家长本来要过来，但有特殊情况改为明天过来。当王宴明把这个消息告诉孩子时，孩子激动地一下子抱住他。这个拥抱让他暖流涌入，他也给了孩子一个坚实的拥抱。

教育的幸福，源于师生相互的爱。你对学生付出爱，学生会加倍地报答你。2008年王宴明生日那天，班里的学生背着他，偷偷买来了生日蛋糕。王宴明一进班，灯光瞬间暗下来，几十块蛋糕从四面八方砸向他的脑袋。他这才知道，这是学生给他准备的生日惊喜。他感动得一句话也说不出来，教育的幸福感瞬间爆棚。

私下里，学生亲切地喊他"明哥"。他与孩子们一起跑操、打球、谈心，做每一件事情都觉得美好，因为他喜欢孩子们，看到他们每一点进步都会发自肺腑地感到高兴。有时候他甚至感觉，孩子们的那些缺点都特别珍贵，因为他会陪伴他们一一改正。

学生们也喜欢他，说"明哥"对生活的乐观态度影响着他们，说愿意跟"明哥"敞开心扉去沟通交流，说"明哥"像一缕温暖的阳光，引领着他们前行，说"明哥"不抛弃不放弃，让他们知道自己的起点在哪里……

优秀班主任胡魁标

花开研学路，大爱育芬芳

胡魁标，毕业于聊城大学经法学院。从教十多年来，不断更新教学理念，提出了"德行体验"教学模式，践行体验式教学。在教学实践中探索的"德行体验"教学思想，被推介为"济南市思想政治优秀教师先进教学思想"。一直坚持活动育人、德育为先的教育理念，在提高学生学业成绩的同时，注重学生全面发展，带领学生一次次开启研学之旅。曾荣获"山东省优质课一等奖"，被评为济南市优秀班主任、历城区教学能手、历城区优秀教师等，入选"第三期济南名师建设工程"。

教育格言

为师不忘童年梦，常与学生心比心。

教育感悟

教育与其他工作最大的不同，就是教育工作是有感情的，教育的对象也是有感情的。

作为教师，我一直相信"真情换真心"，我们对学生真情的付出，也能换得孩子们真情的回报，这是教师独有的职业幸福感，也是支撑教师继续在教育战线上奋斗的精神动力。

教师头上有很多光环，我最喜欢的称呼是"园丁"。身为园丁，我的任务就是陪伴学生成长，打造青春的回忆，在适当的时候，播种、洒水、施肥、除草、修剪，期待每一颗种子渐渐成长为最好的自己，认真陪护，静待花开，尽园丁的职责，享受桃李满园的幸福。我希望，多年以后，学生回忆起自己青春的日子，充实而精彩；我回忆起当年陪伴的岁月，坦然而幸福。

爱是陶行知先生毕生事业的灵魂。陶先生说过："教育不能没有爱，没有爱就没有教育。"胡魁标老师读了很多先生的书，加之自己从教的经历，因此对教师职业有着自己的理解，他觉得做老师是要充满爱意的，是心怀感恩的，是充满智慧和创新的。

爱心之旅，温暖心灵

2017年5月11日，胡魁标老师作为历城区2017年"道德模范、身边好人"宣讲团成员，在历城实验初级中学对洪楼片区300多名教师作了宣讲。他说，自己只是作为一名一线教师与老师们分享一下感悟，因为一张张照片记录了他和孩子们的故事，再重温那些故事，总会纯净自

胡魁标为全区教师作师德报告

己，让自己更渴望为孩子们多做点什么。

教育其实很简单，只要动动脑子，多想想可以以怎样的形式让孩子们有"存在感"，进而有更多的"获得感"，让孩子们真正去体验"人生的幸福在哪里"就可以了。带着这样的探寻，胡老师带领孩子们进行了一次次"爱心之旅"。

2013年冬天，在共青团淄博市委的帮助下，胡老师带着48级9班的孩子们，把"爱心直通车"开进了淄博市沂源县国珍希望小学。这次爱心之行，所有的善款都来自孩子们节约的零花钱。为了节约开支，胡老师开车拉着几个班委，冒雪到西市场采购爱心物资。当他看到学生们一改平时大手大脚的花钱习惯，为买什么、买的东西有没有实用性等做着精打细算时，不禁为孩子们的改变而欣喜。价值6000余元的学习、生活及体育用品凝聚着师生一片心意，在新年伊始的那场大雪之后，被顺利送达希望小学；送达后，爱心物

资对接、主题班会、做游戏等活动，让大手拉起小手。当时，共青团淄博市委的领导对于活动给予了大力支持，后来共青团省委副书记听说了这个活动，也专程去看望希望小学的孩子们，并为希望小学捐建了一个微机室，还给孩子们提供了一年的牛奶。山东电视台的记者看到报道后主动联系，要去这所小学做一期公益节目，希望能让更多的热心人关注、关心孩子们的成长。

这样的活动没有间断过，胡老师带着49级9班的孩子们走进济南律师希望小学，为一个过生日的小朋友带来了蛋糕，在祝福声中，孩子流下了幸福的眼泪。这样的活动还得到了家委会的大力支持，52级28班的师生及家长代表共同走进商河县韩庙镇振邦小学，送去了温暖。每次活动，胡老师都带着孩子们走访几户特困家庭，送一些生活用品。他都会告诉孩子们，你们的一双鞋，可能是他们一家人一个月的生活费；我们平时少吃一点零食，就可以满足他们一个小心愿；这个社会还有很多人生活贫困，我们能不能节约一点，省下钱来去做更有意义的事情？

奉献爱心其实是温暖彼此的心灵。胡老师始终觉得：一次活动的影响是有限的，无论是对于自己的学生还是受帮助的学生，但是这样的活动是在学生心中埋下爱心的种子，只要有了条件，就一定会生根、发芽。

他曾经的班长李超男同学考入中国政法大学，大学期间自愿去新疆支教一年，当地政府希望她与同学们能留在条件较好的市里，但他们毅然选择了条件艰苦的阿勒泰地区的一所中学，认认真真地为边疆教育奉献自己的智慧与爱心。

他的学生王格蓓在完成献爱心活动归来后，在日记中写道："在寒冷的冬天，我们把温暖带给了孩子们，同时也收获到了来自他们的独特的感动……这个世界给了我们不同的起点，也给了我们同等追求终点的力量。他们学习、生活的条件都不如我们，但是，每个人都很努力，他们不畏困难、勇往直前。而我们呢，为什么我们在这样一种温暖又幸福的环境下反而过于依赖外界？为什么我们不能自己独立地生长？我们应该学会长大！"这样的情感体验和感悟，是多少说教都换不来的。

他的学生李纪在走访贫困家庭时刚出门就坚定地说："老师，过年之前我一定再来一趟，让他家过个好年。"之后每年春节前，他都会在父母的陪伴下走进这个家庭，送去置办好的年货和爱心款，帮助这个家庭。

更多时候，胡老师还会告诉他的学生们：有爱心是好事，老师更希望你们能够好好历练，积蓄力量，将来有一天，若主政一方或富甲一方的时候，能"不忘初心"，造福一方百姓。

德行体验，润物无声

亚里士多德说："德行不是有了才做，而是做了才有。"作为一名政治老师，胡魁标一直在做一件事：让课堂教学由重德性（认知性）学习向重德行（体验性）学习转变，让德行体验成为学生学习思想政治的重要方式。

为了让学生能更好地与人沟通，对身边的人能够多一分宽容，对身边的事能够多一些理解，做一个朝气蓬勃、充满正能量的阳光少年，他曾经不止一次组织过这样的德育活动课："掰手腕"。在老师的引导下，孩子们进行了三轮激烈的"掰手腕"。活动结束后，当孩子们在兴奋中七嘴八舌地讨论时，胡老师悄悄地把灯关了。这时，背景音乐轻轻响起，引导同学们倾听、思考："这种精疲力尽的感觉你熟悉吗？你是否曾经为了一件事，为了证明你是对的，你拼尽全力、精疲力尽，躲在一个角落，孤独地舔舐自己的伤口。请问当时你是一种什么感觉？到目前为止，你都和谁掰过这样的手腕，不惜代价地证明你是对的，他是错的。朋友？同桌？舍友？老师？班主任？父母？"这些话在学生心中引起波澜。他又引导学生化感悟为行动："在一次次的斗争中，我们赢了朋友，失去了友情；赢了老师，影响了学业；赢了父母，伤害了亲人。当你把甘做你人生阶梯的人统统战胜之后，请问你还剩下什么？如果通过今天的体验，你的内心还有一点点颤动，那么恭喜你，你还没有完全为对和错所痴迷。"很多学生在这种情境中敞开心扉，对老师、同桌、舍友说了一些想说而不敢说的话。胡老师还在现场连线了部分学生家长，化解了学生和家长很多日常生活中积累的矛盾。胡老师让学生们记下了此时此刻的感

带学生开启"爱心之旅"

悟，提醒大家以后遇到矛盾时多多翻看。

从高一开始，胡老师在每节课课前开展五分钟的"时政微评"活动，让学生轮流与大家分享自己的感受和见解，引导同学"家事国事天下事，事事关心"。在讲授民族与宗教时，胡老师设置"我是新闻发言人"环节，学生搜集论点论据，组织语言，进入角色，慷慨陈词，调动与运用知识，论证与分析问题，个个有理、有据、有节，彰显家国情怀。讲授传统文化时，他请班里懂得茶艺的同学，提前准备道具、音乐、服饰，现场进行茶艺表演，还伴有解说词，古典音乐、汉服、传统与现代结合的茶艺文化，本身就是对传统文化的继承与发展。同学们身临其境，在潜移默化中接受优秀传统文化的熏陶，感受传统文化的特点，体验中华文化的博大精深。

胡老师的课堂，追求的是通过德行体验教学，把小课堂变大、变活、变新，把学习、研究、社会实践有机结合在一起，让思想政治课"充满思想，充满观点，充满尊重与关怀，充满智慧和文化"。

外出研学，体验践行

为了培养学生的团队意识和责任担当，胡老师把课堂引申到校外，带领同学们去户外进行拓展训练。"五指抬人"后，学生明白了什么叫潜力无限；

"鼓舞人生"中，学生学会了团结协作；"空中断桥"上，学生学会了超越自我；"逃生墙"项目让一个新组建的班级真正凝聚成一个团结友爱的大家庭，让孩子们懂得了奉献与坚持、责任与担当。胡老师说："体验过，才深刻。"

为了拓展视野，提升素养，胡老师还带领学生走进章丘博物馆和科技馆，让学生体验济南历史的厚重底蕴和科技在现代生活中的应用，带同学们走进百脉泉公园，开展了"我的垃圾我带走，别人垃圾顺顺手"的公益和宣传活动。

带着爱前行，胡魁标内心无比踏实，他没有什么宏大的理想，就是希望自己做一个有职业尊严的老师，做学生成长道路上的陪伴者和引路人。他还想带学生背《论语》、去曲阜祭孔，开启文化之旅；还想带学生去南京中山陵扫墓、去大屠杀纪念馆参观，开启爱国之旅……他要不断丰富自身的生命内涵，在教育路上留下一串串带着印痕的足迹。

胡魁标带着学生拓展训练

优秀班主任韩托

与学生一起成长

韩托,2004年毕业于石河子大学,2004年9月在历城二中参加工作至今。曾被评为济南市优秀班主任、历城区优秀班主任、历城区优秀教师、历城区教学能手,2014年所带班级被评为济南市优秀班集体。

教育格言

纳百川,容学问,立德行,善人品。

教育感悟

浓浓的师生情,就像一坛陈年老酒,越饮越能体味到那芬芳的酒香,余味无穷。

班级就像一棵大树,每个学生就是树上的一片叶子,只有让每一片叶子汇聚在一起,这棵大树才能焕发出勃勃生机。黄沙如海,找不到绝对相同的两颗沙粒,教海无边,也找不到适用于每一节课的途径与方法。这就是数学教学的魅力所在。

在孩子的心里,老师是可倾诉心声的朋友,是懂得欣赏自己的家人,是愿意与自己分享快乐的伙伴。于是,教师与学生就不再只是教育者与被教育者,他们将在平等与和谐中,在心灵与心灵的交融中,共同提升彼此的生命质量。

韩托老师说："生活的清淡是一种满足，每个学生的心口都有一把锁，如果我有开启这把锁的钥匙，我就打开了一个美丽的世界。"所以，作为一名数学教师，韩托愿意在城市的喧噪中守住一份寂寞钻研教学，也愿意在夜深人静时借着一丝宁静的灯光用心揣摩学生的心灵。

班级管理：身教胜于言教，以真心换真心

韩托老师的学生从不迟到，因为他陪伴学生早起，只要走进班里，学生都能看到他的身影，风雨无阻；韩托老师的学生做题规范，因为他与学生一起考试，互相评阅试卷，学生从他的试卷中记住了"什么是真正的规范"；韩托老师所在班级窗明几净，因为只要看到哪里不干净，他总是自己解决掉，从不安排给学生……

这样的老师总会让学生感受到温暖，他的学生说："老师，您晚起一会，多在家里陪陪孩子，我们不会让您操心。"他的学生还说："老师，您让我们有浑身使不完的劲！"这就是正能量，孩子们从他身上所看到的永远是积极向上的一面。其实，作为班主任，早起晚归，没有节假日，有时候他也特别疲惫，也想睡个懒觉放松一次，但根植于内心深处的"要对得起学生期待的眼神"这份信念总会打消他所有的顾虑。韩托老师认为，做好班主任，其实就是坚

以真心换真心，陪伴学生走好成长路。

守住自己的内心，让心灵随学生一起成长。

回忆做班主任的历程，有些瞬间他铭记深刻：国际生物奥赛金牌获得者孙楚同学在得知获奖消息的第一时间给他打来报喜电话，他感觉就像自己获得金牌一样，激动并幸福着；他的学生在山东大学参加物理竞赛，仅以0.1分之差未获得一等奖，看到那无助的眼神他哭了，那一刻让他再次感受到了教师那份神圣的责任。

带着这份责任，韩托把学生们记挂在内心深处，当遇到家庭与工作选择两难时，他都尽力去做得更好。2018年冬天第一场雪

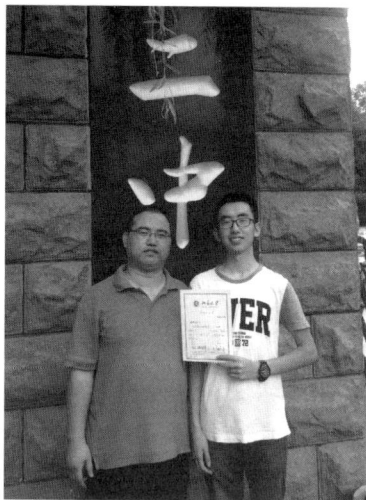

韩托与学生孙楚（国际生物奥赛金牌获得者）在校门口合影

后，母亲骨折住院，住院期间他没有耽误一节课。就连手术当天，在上完上午第二节课他奔向医院的时候，母亲的手术已经开始了。年级主任田庆民告诉他，有什么困难一定要及时提出来，他却没有给学校提任何要求。

韩老师认为，做班主任不能讲求回报，职业尊严和使命感会让你不由自主地融入其中，在与学生共同生活的点点滴滴中，打动你的不仅仅是孩子们的聪慧、韧劲和激情，他们的独立、乐观、责任、诚信等等也都会带给我们很多思索：在这个社会中，有这样一群有担当的学生，让人振奋，他们代表的是这个民族的未来。作为班主任，教书育人是职业所在，更多的时候是感受这个群体带给自己怎样的力量，以继续前行。

个性学生：关注胜于批评，以行动去打动学生

每个班级都有特别有个性的学生，对于这样的学生，恰当的管理方法是非常重要的。小雪（化名）同学是韩老师带过的一个比较有个性的女生，接班时，她的"个性表现"让韩老师措手不及，比如上课十分钟后跑出去看报纸、上课喜欢说话、早上迟到等，而且不服老师管教，批评她两句就不和老

师说话了，上课时把课本合上，也不交作业。

当时都是12月份了，距离高考只有5个月，韩老师心里特别着急，用怎样的方式才能改变她？这时，韩老师听说小雪感冒了，正在医务室挂吊瓶，他就经常去医务室看小雪，和她交流，在小雪身体好转之后，又经常利用自习时间给她补课。后来，小雪发生了

韩托与三位全国奥赛金牌学生合影

很大变化，开始专注于学业，自我学习能力变强。这期间，韩老师也给予她很多的帮助。高考中，小雪不负众望，以文科数学148分、总分673分的成绩考入复旦大学。大学期间，小雪又以出色的表现获得本硕博连读资格，并作为交换生去香港一年。

后来，小雪在多个场合给大家分享一个故事——《最后一分钟的力量》：烧水的时候，即使你花费了很大的力气，将水烧到99℃，但如果无法超越最后的1℃，水都不会烧开。在水即将沸腾的最后那1℃，在你想放弃的那一分钟，只要能够坚持下来，你就能打开下一扇门。这样，你才能进入自己梦想的世界。每次讲到这个故事，她总会提到韩老师，说这个故事的精彩还在于最后关键时刻让你醒悟的那个人。她说，是韩老师让她清醒，知道自己该做什么，这深深地影响了她。每年寒暑假，小雪都会回母校看望韩老师，她用这种最简单的方式感恩着老师。

韩托老师一直认为，只有真正能够触动学生的心，才能让学生感觉到老师的影响和作用，所以多给学生一个眼神、多与学生交流、多在学生身边站一会儿等，都会让学生感觉到老师的存在。

班主任品质：协调沟通不可少，服务要跟上

韩老师工作至今，一直担任班主任，谈起十余年的班主任管理经验，他

感慨最多的莫过于带科技创新实验单元(即实验班)时的经历。很多时候，大家会很羡慕能够成为这个班的班主任，学生学习能力强，综合素质比较高，按常理推断这个班的学生应该是自觉性高、老师管理难度低，其实不然：班里的学生以自我为中心，常常不考虑别人感受；做题不规范，时间观念不够，做题步骤简化、过程几乎没有等；内心脆弱，一旦失利会产生心理阴影……诸多问题，使管理压力无形中增大，韩老师每晚都要和四五个学生谈心。

经过思考，韩老师认为，要管理好这个班，教师团队建设很关键，只有奥赛教练、任课教师和班主任拧成一股绳，每个人都充分发挥各自的作用，才能把每个学生的积极性、主动性调动起来。所以，韩老师尊重教练和老师，没事就倾听他们的意见和建议，了解学生情况，即使是学生在外培训期间，只要他有空，他就会陪在学生身边，给学生们做思想工作，给教练做好服务工作，和家长做好交流等工作。

这个班的学生高一、高二时都是在正常学习进度内参加奥赛辅导，基本上是课外活动、节假日和寒暑假时间，韩老师和他的团队就这样一直陪伴着学生们。他们要给学生做详细的高中三年学习计划，精确到什么时间到什么学习进度，尤其是高三一年，每个学科老师都要根据每个学生的情况专门制定学案，实行面批，切实做到今日事今日毕。

付出总会带给你惊喜和收获，孩子们纷纷在高考成绩出来后的第一时间给韩老师报喜：全班42人，平均分648.2分，全部进入名校，7人进入北大和清华。为了和国际生物奥赛金牌获得者孙楚同学签约，北大一直等到凌晨十二点半。这深深触动了韩老师，他深刻体会到，只要学生足够优秀，名校就会为他敞开大门。所以，他力争做一个优秀的班主任，希望能够引领学生们进入更加广阔的天地。

韩老师说："做班主任其实挺辛苦，有时候真想给自己放天假休息休息，但一想到教室里的学生们在向自己的理想奔跑着，我就不由自主地跟着他们的节奏，起床，洗刷，走进校园，开始美好的一天……"

优秀班主任阚静一
老阚和他的孩子们

阚静一，中共党员，2004年毕业于山东师范大学化学系，自工作以来连续14年担任班主任工作，2016年所带班级被评为历城区五四红旗团支部，2011年、2017年所带班级先后被评为济南市先进班集体，曾被评为济南市优秀班主任、历城区优秀班主任、历城区优秀教师、历城二中十佳青年教师、历城二中名班主任等。

教育格言

躬耕于分秒，收获于细节。

教育感悟

对学生：珍惜高中黄金时间。不要临近高考才知道时间的重要，高中不是你想象得那样长，做事前先想一想值不值得，别把宝贵的时间浪费在无所谓的闲杂事务上。随时保持一种良好的学习状态，不要过分轻松，那样会放纵自己不学习，最后无所事事、百无聊赖、空虚寂寞。做事要专心，不论做什么，无论学习或是玩耍，都要付出百分百的专心，这样玩的时候不会想到学习、学习的时候不会想到玩，才会不痛苦，才会坦然。

对教育：教育的真谛是教会人去思考问题，形成正确的人生观，不走弯路；形成正确的价值观，学会解决生活中和学习中一些问题的方法。教育的本质是一种培养人的活动，是为社会培养人；教育联系了人与社会，是它们的中间桥梁。对教育而言，读书的最终目的并不是获取知识，而是训练思维，点燃学生头脑中创新的火把。有史以来，教育所追求的目标都是双重的，一是帮助孩子开启智慧，二是帮助他们发展良好的品性。教育是关乎人的灵魂的教育，它不应是对理想分数的过分追求，对学业成功的过度奢望，而应是对教师自身和学生生命给予的无限关注。

对教师：教书育人，就像喝一杯苦丁茶，开始时会有些苦，但是很快便能回味出丝丝甜味。教师可以给学生爱，却不可以灌输他们思想，因为他们有自己的思想。

阚静一认为，当老师尤其是当班主任，应该是按天算的，于是他让每一个清晨充满斗志，让每一个夜晚承载圆满。每天早晨六点钟，东方未白，他准时到达教室，迎接学生的到来；晚上十一点钟，夜幕沉沉，他才能回到家中，享受难得的休息时间。这种班主任生活，他已经坚持了十四年。在这十四个年头里，他把班主任工作做得有滋有味，每每翻看学生的照片，读读班级日志，想想那些早已经毕业、在社会上大有作为、为国家贡献力量的孩子们，他都觉得这是人生旅程中特别幸福的事情。教育的故事其实就是光阴的故事，是春华秋实的守望，是默默无悔的坚持。

教育学生保持感恩之心

"老阚"是同事们对他的尊称，年龄不大，但干班主任有独特的一套。作为一名优秀的班主任，他接新班后最希望打造的是一个融洽、奋进且充满人情味、懂得感恩的班集体。

他告诉同学们，高中是承载了人一辈子记忆的地方，也是梦想开始的地方。孩子们总会被老阚带进一个充满爱的情境中。他和孩子们商量，在这人生最美好的青春时光里要留下自己的痕迹，于是，他们买了一些树苗，在学校的生态园中栽下，并相约定期管理着。三年的时光中，孩子们与小树苗共同成长。如今，也经常会有毕业的学生问老阚小树长得怎样了，有的毕业生一回母校，就会约着老阚去看一看当年自己栽下的小树。这是一个情结，让老阚和孩子们有了一个感情的交流和依托，在彼此的信任中懂得感恩生活。

在老阚的班级管理中，仪式感是必须要有的。过节，他给孩子们准备了苹果，这些苹果都是他在网上专门订购的，化了将近400块钱。孩子们都不舍得吃，让他帮忙各种拍照，他也会趁机和孩子们聊聊，告诉他们苹果的寓意是平安，要经常和父母交流，多向父母报平安。其实，教育无处不在，感恩父母是学生成长的必修课，老阚希望孩子们都能懂得，他觉得这比考大学更重要。

孩子们都说老阚仗义、重感情，看似粗犷其实内心非常细腻。毕业季，

阚静一（左5）获评"我身边的好老师"称号

老阚写了一篇小文《写给即将毕业的你》，说："你们，总会长大的。老师会忘记你的高考成绩，但记住了你的音容笑貌；老师会忘记你的顽劣不化，但永远记得你曾经的付出与努力。临别之际，祝你们'一路顺风'。离开，便是天涯；归来，还是少年。"高考结束，离校主题班会还未开始，老阚已经控制不住自己的情绪，潸然泪下。临别之际，他为每一个孩子精心制作了成长视频，和孩子们一起回忆、分享这励志的青春三年。班会结束，孩子们挨个和他拥抱，此时此刻老阚无以言表，只能默默祝福他们未来"一路顺风"。

班级生活的"小惊喜"

作为班主任，阚老师觉得孩子们的高中生活应该是在比拼青春的时光中泛着涟漪，于是他喜欢给孩子们来点"小情调"。在冬至前一周，他会提前联系水饺店，为同学们预订水饺，并且会考虑每一个孩子的口味、怎样才能一直保温等诸多细节。当孩子们在教室里吃着热乎乎的饺子时，他们都沉浸在大家庭的温暖中。

无高考，不青春，老阚让孩子们在对高考的敬畏中充满着追逐梦想的激情。高三第一天，老阚为每位同学发了两张连号的一元人民币，寓意一心一意迎接高考；距离高考二十天，老阚又会为每位同学发两张连号的十元人民币，寓意十全十美拥抱高考；高考前一天，他又为每位同学准备了一支"好运笔"，寓意高考好运相伴、事事顺心。这些，孩子们都舍不得用，以留作纪念。毕业后，很多同学都愿意在自媒体上"晒晒"这些"小惊喜"。已经毕业四年的张涛同学晒出来寓意"十全十美"的十元人民币后，便有同学留言说自己一直将这十元人民币放在钱包里保存着，还有同学说一直随身携带着。"小惊喜"是老阚带给孩子们最宝贵的礼物，让孩子们在人生最关键的时刻，给青春系上了多彩丝带，迎接并期待着绽放的那一刻。

在老阚给予的惊喜中，孩子们总会有很多感动和震撼，同时他们也会带给老阚惊喜。2017年高考结束，同学们制作了"永远一家"的位置地图，在上面标注了同学们的名字和考取学校的位置。这一次，66个同学要远航了，他们将奔向复旦大学、中国人民公安大学等大学，重新开启新一轮生活，但同学们希望老阚能在这张地图中找到他们，看到他们每一个人的名字。班里有个叫徐浩的同学考入武汉大学，利用暑期打工的收入专门做了一个视频叫《不说再见》，词曲均为徐浩本人，他用歌词记录了三年的高中经历，用歌声纪念了最宝贵的青春时光。他说老阚教会他在任何困难面前都要勇往直前，不服输、不放弃，这种精神和力量让他无所畏惧。

在高中的课堂上，三年一个轮回，一届届学生奔向梦想，阚静一也一如流水般绵绵不断继续着自己教书育人的梦想。"师德师爱，就在这平凡的日常工作中立德树人，靠的就是这细水长流的绵绵情意。也许我们的精神有些疲惫，但疲惫里带着坚定；也许我们的脚步有些匆忙，但匆忙里不乏沉稳。"阚静一这样说。

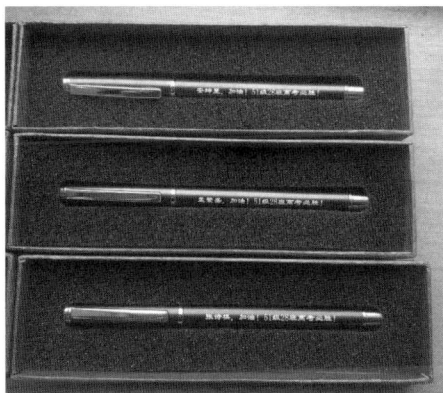

高考前，阚静一为每位同学发"好运笔"

研学路上羽翼丰

"读万卷书，行万里路"，阚老师认为生活中处处有学问，周末、假期他总会带着孩子们出去转一转、看一看。

为了锻炼学生的意志品质，每一次级部组织到烈士山、彩虹湖、辛弃疾故居等地拉练，他都会陪着孩子们徒步往返。为了拓宽学生的知识和眼界，他带领学生参观山东省博物馆等地，让学生领略中华文化的魅力；为了增进学生对大学的认识，他带领孩子们走进清华、北大等知名大学的校园。

毕业离校，学生难舍阚静一。

老阚认为，学生的责任感还应该体现在他们对社会的关注和参与上。经过周密策划，他带领全班同学走进大明湖公园，进行防治雾霾宣传和问卷调查。同学们向游人分发宣传材料，进行问卷调查，争做环保志愿者，以实际行动践行环保理念。游客们被同学们的热情感染，自发参与到活动中。在大明湖晨练的冯金龙老人对于同学们的行为更是赞不绝口，即兴赋诗一首作为表扬。

春风化雨，润物无声。毕业生胡开琰在大学期间入伍，如今成为三军仪仗队女兵的一员，参加了俄罗斯国际军乐节等重大活动，尽展军人风采，为祖国赢得荣誉。毕业生徐文浩同学在大学期间积极参加各种支教活动，多次走进沂蒙老区，热心为留守儿童和孤寡老人服务，得到群众的广泛赞誉，后以优异成绩被保送到山东大学攻读研究生。

和二中很多班主任一样，老阚的生活朴实、简单，但他们认为这就是做有意义的事情、过有温度的生活。老阚认为人生要不负光阴，是啊，他大多数时间里想的、做的、希望的都与孩子们有关。生活依然在继续，老阚迎来一批批孩子，送走一个个希望。其实，他就是一名普通的教师，但做好老师、做对得起良心的好老师是他一生的追求。

优秀班主任王佰义

铁打硬汉却尽显温情

　　王佰义，参加工作14年，从事班主任工作14年，其中担任高三班主任9年。凭借着在教育教学中取得的优异成绩，他曾被学校授予"突出贡献奖"，五次为全校教职工作典型经验交流报告，2013年获济南市高中化学优质课一等奖，曾被评为历城区优秀教育工作者、历城区优秀班主任、历城区优秀教师、历城区教学能手、文明历城人等，他所带班级也被评为济南市优秀班集体。近年来，为贵州贵阳、江西九江、山东滨州等地教育同仁作班主任经验报告数场。

教育格言

　　坚守自己的教育理念，教育信仰，教育恒心，教育责任。

教育感悟

　　做一名好老师，不仅要传道授业解惑，更要成为学生的人师，成为学生思想的指导者、引领者。

"活得简单"，引导学生享受学习过程

有老师评价王佰义，说他是铁打的硬汉，而且心态超级好。作为从事班主任工作14年、有9年被留在高三的他，从不抱怨班主任工作的辛苦，却认为这种累让生活变得简单。他自己也说，在历城二中当班主任没有不累的，但是累得值，累得内心踏实。

他将这种生活信条传递给了他的学生们，因此他的班级有一种独特的品质，师生保持着高昂的情绪，内心充盈着愉悦与动力。

就是这种"活得简单"的理念和方式，让王佰义行走得铿锵有力：他和他的学生们"生活节奏"很快，行动如风，大家都有一种紧迫感，总感觉时间不够用；他转变学生理念，从"追求结果"到"享受过程"，他让"有梦想的孩子"都能挖掘出"潜能"，使学生的学业成绩提升成为一种必然。这种让学生服帖的"虎妈猫爸"风格真正让师生心贴心，学生们亲切地称他为"老王"，毕业后孩子们还大老远地来到学校看老王。

"立体式"严格，让学生心服口服

9年时间，王佰义留在最忙碌、最紧张的高三，即便有放松一下的想法，也总是很短暂，不用领导做思想工作，只要需要，他从不提要求。

高三开学一个月是王佰义最用心的时候，而且这个月内他几乎没有什么好脸色，但学生就是喜欢他这张脸。学生说："严格与找学生麻烦绝对是两回事，我们喜欢王老师的严格。"这份理解背后，渗透着他的智慧、真诚和严谨。开学15天中，他要和60多个学生一对一谈话。在学生面前，他坦诚深入，"亮自己"让学生加深对他的了解，"谈优点"增强了学生自信，从一个学生可以了解到几个学生，尤其是家庭困难、单亲等特殊学生，他都能掌握基本情况，而且会给予学生更多的关注和引导。所以学生在他面前都能敞开心扉，经常说愿意和老班说说心里话。和原班主任对接，阅读学生档案，比对学生成绩，记住学生名字，这些工作他都做到前头，没见学生之前他对学生的基本情况已经了如指掌了。

2012年9月4日，46级9班学生常皓博被国防科技大学录取，家长来校表示感谢。

　　这一个月中，他会带学生读励志文章、看经典视频，这些文章和视频都是他精心挑选的。这种"立体式"严格体现出他对班级管理的理念。他的普通话带着浓浓的菏泽口音，他"绘声绘色"的诵读加注解给了学生一个静心思考的空间。

　　"严到让学生服气"是王佰义的绝招，而给学生的最大感觉就是班主任随时都在身边。考前一个月，他的办公桌就在教室窗边，与学生仅仅一窗之隔，他可以随时观察学生的表情变化，学生也可以随时与老师沟通交流。有次考试前，王佰义在转教室的过程中，几次发现一个学生精神不集中，他明白是压力过大导致孩子焦躁不安，他与孩子进行了长谈，带着孩子进行运动解压，眼神的关注、语言的交流最终让孩子压力得到排解，高考那年考出了647分的优异成绩。

　　高考前一个月，王佰义都要求学生把两套床单、枕巾等进行换洗，宿舍内务、教室内务始终如一。高考结束后，同学们都会主动回班，最后一次打扫好教室卫生，给老王一个拥抱、一个鞠躬。学生们说我们生病了，都是老王把我们送到学校门口，已经习惯了老王目送的感觉，也相信这种感觉会伴随他们一生。

"思想高度决定教育品质"，这是王佰义经常说的话。为高考但不唯高考，做对学生一生有影响力的人，做学生生命中的贵人，是他不懈追求的终极目标。他四次带学生到北京大学、清华大学学习交流，三赴河北衡水中学，于名校的氛围中探寻班级管理的真谛。读名家博文、名师著作，他在与名师名家的碰撞间领悟教育的要义。这一切的自我修炼，化作一篇篇触

全国数学竞赛银牌获得者韩善鑫同学与班主任王佰义合影，韩善鑫2014年被北京大学录取。

动学生心灵的文章，一个个引发集体深思的视频，一场场调动班级斗志的班会，让学生在为梦想拼搏的孤独之旅中，收获了一个强大而丰盈的精神世界。在2014年高考中，他所带班级3人考入北京大学，一大批学生考入中国科学技术大学、武汉大学、北京师范大学、大连理工大学、山东大学等全国重点高校。

精神育人时刻传递教育正能量

王佰义善于开解学生，学生陈心悦是一个典型的例子。高中时期巅峰、低谷的起落让陈心悦几近崩溃，她曾在全国生物奥赛中拿过1枚银牌，这个成绩在很多学生心中也是非常有吸引力的；后来，她几经清华加分失败，再后来，她获得北大免试加分资格，最后走进了北大校门。她在给班主任的信中回忆了王佰义老师曾经给她的鼓励，字里行间渗透着对学校和老师的感恩："感谢李校长在我思想最脆弱的时期给我写的鼓励的信！忘不了班主任为了鼓励我给我准备了精致的本子，并送上了让我刻骨铭心的祝福和期望……由于我的头痛、失眠，班主任每晚陪我在操场跑步。那种感动，可能旁人很难理解。"

学生傅豪说老王最抓人心的地方就是喜欢感动学生。据他回忆，当时班里有个学生过敏性休克，老王开车把他拉到医院，回来时已经深夜两点，老王不仅把那个同学送回宿舍，还一再叮嘱大家照顾好。这样的事情，学生和家长们都记得。付豪坦言："老班不仅仅改变了我们的高三，甚至影响了我们

的一生！"

　　王佰义不仅带给孩子们力量，也把这份力量传递给了家长。家长是班主任工作的最得力帮手，而在学生家长心中，班主任代表着学校，班主任是怎么样，学校就是怎么样的。他认为，家长会给家长传递的信息应该是：一段时间以来我们是怎样教育孩子的，我们是通过哪些载体来教育孩子的，孩子的收获是什么，能展示些什么。因此他总是很认真地准备家长会、组织家长会，把握家长会上家长最需要获得的信息是什么。在日常

全国生物奥赛银牌获得者陈心悦同学与班主任王佰义合影，陈心悦2014年被北京大学录取。

的工作中通过文字、照片、录像记录班级整体的发展和学生个体的成长，再在家长会上和家长们互通有无，同时也丰富了学生家长对学校、对孩子的立体认知。通过家长会形成家校共同体，凝聚家长的力量，能增强班级管理的双重效果。每次家长会后，都有很多家长打来感激电话，发来家长会感悟短信。比如，一位家长这样写道："今天参加您的会议我很震撼。您站在精神高度，从减少失误着手，有高度有措施，彻底颠覆了我对体制内教育的看法。孩子交给您我放心。同时感觉到我们国家的教育也大有希望。"另一位家长更是即兴赋诗一首："人到中年进课堂，喜见名师意飞扬。抖擞精神梦觉醒，孩子理想现光芒。"高考前，家长们在给孩子们的信中写道："勇士们，你们是个很优秀的团队，你们的团长是佰义！佰义登高一呼，勇士胜！佰义团长是最优秀的将领，相信你们的团长，几百个日日夜夜，他始终和你们战斗在一起！"

　　这就是一种精神，能够凝聚一个团队的力量，而且把团队外延力量凝聚起来，这种精神该是如何强大！王佰义说自己就是一个普通的班主任，二中的校园因为有了更多王佰义这样的老师，唯有奉献，从不索取，把工作作为一种习惯，而且特别满足，在这个浮躁的时代中，这些人尽管平凡，但他们是真正的强者！

优秀班主任田智稳

每一念起都是满庭芳

教育格言

教师的人格魅力是无穷的教育资源。

教育感悟

教育的价值不在于拥有知识，而在于拥有人性和智慧。课堂上要致力于师生互动，相得益彰，延伸到去追求一种师生共鸣、形神兼备的境界。教师要让学生身体动起来，更要让他们的思想和灵魂动起来。

在班级管理上，班主任要"勤"字当头，有效发现班级问题并及时解决，促进班级发展。班主任工作还应做到多重管理，聚焦发力，扶心强智，让学生先成长后成功再成才。

田智稳，中共党员，秉承历城二中"人生在勤，志达天下"的校训，践行"身正为师，德高为范"的为师准则，踏实工作，敬业奉献。教学上坚持"固本活源，多管齐下"的知识传授方式，扩展学生思维，提升学生能力，独创"知识点学习语段化应用与实践"，时时传递给学生"你对我好，你好我优，你优我强"的竞争意识。曾被评为历城区优秀共产党员、历城区优秀教师、历城区教学能手、历城区优秀班主任、历城二中首届名班主任、历城二中首届师德标兵等，所带班级多次被评为济南市优秀班集体，本人也多次被评为济南市优秀班主任。业余时间投身教研，反思教学，发表省级以上论文30余篇。

"我已近不惑，时常为自己没有被生活所吞没，骨子里还留有一份干劲而感到满足，因为我深知在生活节奏和物质变化飞快的今天，内心深处有一份清醒和淡定，坚守一份执着和信念着实难得。"在学校组织的班主任论坛上，田智稳如是说。他发自肺腑的言语打动了在场的每一位老师，大家产生了共鸣，因为大家如田老师般珍爱着这份平凡的工作、喜爱着那些可爱的学生。

教学从培植"幸福感"入手，他追求有回忆的教育生活

一直以来，田智稳对教师这份职业充满了敬畏。当老师虽留不下权贵，留不下财富，但可以留下教师工作带来的满满回忆，那是一个个慢慢滋润、静待花开的日子，是一次次挥洒讲台、传播知识的时刻。

当一个老师连骨折了都要坚持到课堂、到学生中去，这该是一份怎样的情怀和信念？受伤骨折期间，就是因为对学生的留恋、不舍和牵挂，田智稳硬是没请过一次假、没耽误一节课。他早晨六点钟到班，晚上看着学生入睡才回家，疼了就告诉自己有点伤痛不算啥，他就是觉得这样做踏实、安心，他就是觉得这样的选择是值得的。这就是田老师所认为的回忆，因为这份不悔会陪伴着他多年，等再回忆时是如此美好。

教师的人格魅力是无穷的教育资源。随着年龄和阅历的增长，尤其是十几年的班主任工作经历，田智稳越发感到：教育的价值不在于拥有知识，而在于拥有人性和智慧。学生小洁（化名）在父母离异后跟随父亲，为了供小洁上学，家人付出很多，小洁心理压力很大。得知情况后，田智稳耐心做她的思想工作，让她放下心理包袱，振作精神，带着力量去学习。为了让小洁感受到家庭的温暖，他经常带她回家吃饭，在谈话时进行心理和学法指导。为了让小洁释放压力，他鼓励其写日记，并找一些励志故事、经典文章分享给小洁，帮助她走出内心阴影。作为班主任，他默默地替孩子交上高考餐费，默默地在背后观察孩子的情绪变化，直到小洁以优异成绩考取山东大学威海分校，后又考取北大研究生。

对于别人眼里的"问题"学生，田智稳却始终认为所有的"问题"都不

家长为身体骨折却坚持工作的田智稳送来锦旗

应该成为"问题"，而要理解并关心这些在特定年龄阶段或特殊背景下产生"问题"的孩子。一个有早恋倾向的女生小君（化名），因为暗恋的男生不为所动，本来成绩还好的她受到影响，成绩一落千丈。田智稳在经过一段时间观察后发现了这个问题，但并没有揭穿她，而是经常走到她座位前，不说话也不看她，就是在她那里站会儿，找各种理由给她布置额外的作业，并要求她在规定时间内上交。小君变得忙碌起来，她也主动找田老师说明情况，坦承了一切。后来，田智稳引导着她走进"乐学"的境地，他让小君每天写出1至3条学习带来的快乐和意义。坚持一段时间后，小君学习积极了，成绩也进步了，并且经常和田智稳交流思想、汇报学习情况，并带着自信从暗恋的阴影中走了出来。

田智稳的教育智慧源于他不急躁、沉稳的性格，他坚持用教育情怀去培植自己作为教师的幸福感，并着重从培养有幸福感的学生入手，进而提升自己作为教师的幸福指数，这也是长期以来他致力于追求师生共鸣、形神兼备的教育境界。

将爱洒向教室的每一个角落，他是管理"有绝招"的班主任

田智稳认为做班主任是有挑战、有意义、非常快乐的事情，他一直都觉得和学生朝夕相处、无话不谈，让自己每一天都生活在快乐中。面对烦琐的工作，他勇于探索，认真总结，不断改进工作方法，积极实践创新工作理念，摸索出了较为有效的育人模式。

"扶心强智"是他多年的治班理念。育人就是育心，田老师注重做事前保持意识先行。于是，他总结了诸如"学习不能作秀，要踏踏实实，认认真真""教室外的你才是真正的你""理科靠脑子，全才靠勤奋""你若不勇敢，纵然老师替你坚强又有何用！"等有一定警醒作用的话语，并梳理成册，有时会写给学生，有时会与学生交流，他希望哪怕有一句话让学生入心就是值得的。

田老师接管新班后总会"亮相开局"，每次高一军训结束，他带的班级都是优秀班级，学生们都能很快适应高中生活，家长们对班级工作也非常支持和配合，这是班主任接新班后顺利开展工作的最有利的因素。这其中与班主任的身先士卒不无关系，军训期间，他总是亲自为学生扛桶装水，从来不会安排学生去做，而这些都被孩子们看在眼里、记在心里，训练起来更加认真了。

田智稳与学生参加社会实践活动

运动会，师生收获满满。

军训后，选班干部、制定班规是两项重点工作。田老师会注意每一个管理细节，比如值日表都会具体到每一个学生，按学号一人一天，扫地、拖地、倒垃圾分值日区域和值日时间，做到了人人有活干、人人当班级主人，同时对值日不力的赏罚有据、宽严有度。另外，及时通过家长群发布班级动态，经常和家长探讨教育孩子问题，单独和家长聊天，分析孩子情况，制定方法，促使提高。细致的工作得到了家长们的高度认同。班级良性循环起来，一切就都得心应手了。

"温情座次表"是田智稳为了拉近任课老师和班级关系的一个小创新。他设计的座次表除了学生姓名和座次，还会写上其他文字，比如在顶端写过"将爱洒向教室里的每一个角落""因为有您，18班蒸蒸日上""相信您能教好，学生也能学好""虽不能妙手回春，但足以醍醐灌顶"等。在本该写"讲台"的地方，他写上"老师，您好！""老师，您辛苦了！""5班老师好样的""老师，我们爱您！"等。他还会不定期更换内容，免得看久了温情减弱。诸如此类的文字大大活跃了师生情感，座次表上的"温情话语"让老师变得"含情脉脉"，让课堂奏出和谐的音符。

在学校尤其是寄宿制学校，班主任要盯得紧、靠得上。田智稳把这一切都看成是一名班主任应该做也必须做好的事情，因为他总觉得家长把孩子交到自己手上，这些孩子就是自己的孩子，班级就是他与孩子们共同的家。孩子们放长假了，他依然用自己的方式关注、督促着他们，他觉得这是延续在校良好习惯的有力推手。他、家长和孩子达成一致，假期每天早上六点半前起床，由家长上传学习照片，为了保证不走过场，每晚八点、十点分别上传一次，又保证了晚上两个小时的学习时间。当然，他会把六天作为一个周期，第七天让学生自由活动。为了让学生做好自我反思，有针对性地进行查缺补漏，实现"闭关修炼"的厚积性学习，他还要及时发现问题并与学生、家长交流。家长们被田老师的负责精神所感动，积极配合，彼此之间互相监督、互相支持。这种内修加外力双管齐下的举措，让整个班级假期利用率很高，孩子们的惰性和消极态度得到了有效改正，开学后都能保持甚至学习的劲头更大，使新旧学期完美衔接起来。

深挖学生独特潜质，他"察言观色"识学生

田智稳一直把陶行知先生"你的教鞭下有瓦特，你的冷眼里有牛顿，你的讥笑中有爱迪生。你别忙着把他们赶跑。你可不要等到坐火轮、点电灯、学微积分时，才认识他们是你当年的小学生"的那段教育感悟当作自己的座右铭。他自己也始终认为，如果老师把每个孩子都看成天上独一无二的星星，那么老师就拥有这无限美好的星空。

在高中当班主任，要付出相当多的时间和精力，但田智稳从来都不觉得枯燥，相反他觉得发现每一学生独特的生命特质是一件特别珍贵且有意义的事情。每次期中、期末学情调研，他总会对每一个学生写出文字分析，并且在家长会上解读给家长们听，每一个贴切的词语、每一句精准的评价以及他的用心、爱心，都会感动着家长。会后大家都会发自肺腑地通过电话、微信等各种方式向他表达感谢。一位老师能如此中肯、准确地评价每一个孩子，是因为他做足了平时的"功课"。田老师平时善于观察每一个学生，充分利用饭前、饭后、午休、晚休、课下等时间找每一个学生谈话，并做好记录，可

以说是"察言观色"，无孔不入。在具体做分析的时候，他都是推敲每一个文字，闭目思考，脑海里闪现着学生的相关画面，或一个眼神或一个动作或一次不经意的说话。学会捕捉学生的言行举止使他具备了"慧眼看学生"的本事，除此之外，他还和任课教师、学生和

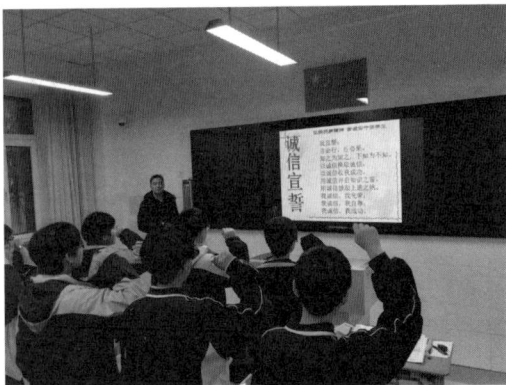

田智稳组织学生"诚信宣誓"

家长一起制订改进措施，真正确保每一个孩子都能在思想和学业上有所进步。

田智稳是一位才华横溢的班主任，学生们经常被他的才华折服。毕业的学生江明慧很感谢田老师高三时送给她的别样寄语，"慧当凌绝顶，一览众山小"，看到这句话时她读懂了，老师是希望她能在更高的平台上放眼看世界。田老师送给邓博文同学的是"博学多识，文当报国"，送给郭燕雨秋同学的是"燕飞甘林雨，秋后定丰收"……看似简单的寄语，凝聚着田智稳对每一个学生的激励，写完整个班级学生的寄语后，他总有种被掏空的感觉，但内心是幸福的。他的学生们也是感动的，他们的名或者姓就这样被田老师巧妙地嵌入催人奋进的寄语中，即使毕业多年，很多学生依然珍藏着这些寄语。他们难忘的不仅仅是一句话，更重要的是那时田老师的用心、用情以及对他们的勉励犹如一场"及时雨"，让他们能够带着一份力量和信心迎接高考。

教师的人格魅力是无穷的教育价值。田智稳敢于担当，因为他坚信老师这样做了，学生必然能受到感染，而后师生同步，共赢共荣。他总会传递给学生正能量，他告诉学生，每个人都要为自己加油，为自己呐喊，敢于进取有为才是对自己的挑战。他始终相信，和命运抗争才是人生最美丽的奋斗。于是，他为教师这份职业奋斗着，他为心中至真至纯的"教育梦"奋斗着，他享受这奋斗的过程以及一路上每一个值得回忆的时刻带给他的温暖与感动。

优秀班主任薛超

待学生，既是老师，又像家长，还是朋友

薛超，中共党员，2006年毕业于山东师范大学物理系。济南市高中物理优课一等奖获得者，曾被评为全国物理奥赛优秀辅导员、济南市优秀班主任，学校首届"春蚕奖"获得者。

教育格言

教育不是灌输，而是开发。

教育感悟

教育是等待花开的耐心。作为老师我们要充满期待，用心等待，给学生机会和空间。庆幸自己和家人生活在这个充满爱意的校园，一路高歌，继续前行！

提起历城二中，家长无不竖起大拇指，点赞的不仅是学校的教学成绩、奥赛金牌、科技创新，还有学生背后的教师群体，尤其是班主任。在这里，班主任不仅仅是老师，又像家长，还是朋友。2016年，我们记录了一名高三班主任薛超老师的一天。

每天5点半起床，第一个到教室迎学生

2016年高考成绩揭晓，家长们组团到校感谢薛超老师，原来薛老师所带的班级成了"学霸班"，班里52名学生全部过了一本！家长们按捺不住激动的心情，一定要到校亲自道谢。

薛老师说自己已经带了两届高三，作为班主任他还是有不少心里话要说。

薛超毕业于山师物理系，已经在历城二中工作了12年。他不仅担任班主任，同时还是两个班的物理老师。每天，他5点半起床，5点50分到教室迎接学生的到来。6点到6点半是学生自己晨读的时间，他就陪着学生一起站立着大声朗读；之后6点半到7点15，则由任课老师带学生晨读。

7点15分，薛超会去餐厅陪着学生一起吃早饭；7点55分，他陪着学生回到教室，学生齐唱励志歌曲，齐喊励志口号。8点，一天的课正式开始。

薛超有课就上课，没课就在办公室里备课、改作业。上午9点40到10点10分是大课间，他会陪着学生一起到操场上跑操。他说："我陪着学生一起跑，他们会觉得踏实，状态也会更好一些，这也是为了激励他们。"

有一次，班里一名同学考试成绩不佳，心理压力大，集体跑完操后，薛超又单独陪着这名同学慢跑了三圈，边跑边疏导。高考前学生压力较大，他会利用任何可以利用的时间和学生交流、谈心。

只要学生有需要，他都第一个出现

高考前，班里女生告诉薛超，宿舍里不知怎么进了一只老鼠，他担心老鼠半夜里闹动静，影响学生休息，就叫了班里一名男生一起去抓老鼠。两个人在宿舍里仔细搜索，用了大半天时间，终于将老鼠给逮着了。

喜欢课堂的薛超

　　每天中午12点，学生吃午饭，如果轮到薛超值班，他会和学生一起吃午饭，吃完饭再去男生宿舍查看午休纪律，直到12点35分学生全部午休，他才回到家里小憩一会儿。

　　下午1点50分，学生回到班里集体唱歌、喊口号，准备上课，薛超也会再次出现在教室。17点到17点20分，是一天中的第二次跑操时间，他会再一次陪着学生到操场上跑。

　　作为班主任，薛超每天都会用一张红颜色的纸给学生写励志寄语，如"懦弱使人裹足不前，勇敢才能叫人战无不胜"等。"都是一些激励性的话语，张贴到教室前面。学生考试成绩好的时候，就表扬他们；考的成绩不好的时候，就鼓励他们。"薛超说。2016年是山东省高考使用理综全国卷的第一年，为了激励学生学好理综，每次考试班里都举行"理综之星"的评比活动。

每天晚上查看宿舍，夜里11点到家

　　晚上6点到6点半是晚饭时间，如果值班，薛超同样要和学生一起在餐厅

吃饭；如果不值班，他会回家在半小时内吃完饭，然后回到教室，在上晚自习前和全班同学开一个简短的班会，总结一天的学习情况。

晚自习一直持续到晚上9点半，这段时间，薛超同样要陪着学生们。除了不定时去教室查看学生的学习状态

下课后给学生辅导

和学习纪律，他还会利用这段时间批改作业，或找学生到办公室交流、谈心。

晚自习结束，薛超再去学生宿舍值班，尤其是高考前几个月，他每天下了晚自习都要去男生宿舍和学生聊聊天，甚至坐在床边一起吃吃零食。"班里有3个男生宿舍，每个宿舍我都转。这也是一天中最为放松的时间，我既像他们的家长，也是朋友，学生都亲切地喊我'超哥'。"

即使学生入睡了，薛超也不会立即离开，他还会在走廊里转一转，查看一下纪律，听听有没有人说话。"等回到家经常是晚上11点了，家里人也都睡了，我一般是简单洗漱一下，倒头就睡着了。"薛超说。

优秀班主任温连涛

用陪伴带给学生成长的力量

温连涛,2000年毕业于济南大学,担任班主任17年,所带班级分别于2004年(38级12班)、2010年（44级8班）、2016年（50级6班)被评为济南市优秀班集体,曾被评为历城区优秀教师、历城区优秀班主任、历城二中创新型班主任等。

教育格言

抬头做人,低头做事。

教育感悟

教育不是牺牲，而是享受；教育不是重复,而是创造；教育不仅仅是谋生的手段,更是丰富精彩的生活本身!教师也许不会成就什么惊天动地的伟业,但他就像山间的小溪,能以乐观的心态一路欢歌,奔向海洋。

喜欢运动的人总会给人豪爽、粗犷的感觉，历城二中就有这样一位当了17年班主任的"运动达人"——温连涛。球场上的他奔跑如风，教室里的他对学生关心备至，细腻的举动总能让人看到他铁汉背后的柔情。他说，在每一个艳阳天最灿烂的时刻，他总会记得孩子们如鲜花般绽放的笑脸，这是他当班主任生涯中最美的"春天"。

他是数学老师中的"运动健将"

用运动锻炼学生体魄，教会他们拼搏

2016年的军训场上，一位"瘸腿"老师与学生一起训练的场景让很多人印象深刻。虽然他一瘸一拐，却精神饱满，训练认真。军训期间，从早上6点多到晚上10点多，他每天步行近2万步；8天的军训里，他没有一天缺席。

当家长得知这位"瘸腿"班主一直拖着病腿顶着烈日与孩子们一起军训时，都不禁竖起了大拇指，孩子们也被老师的执着感动了。

师生就这样用一份坦诚与真诚开启了新生活，"军训优胜班级"成为他们开学以来的第一份荣誉。"老班是'铁人'，跟着他总觉得干什么都有劲。"温连涛的学生如是说。就是因为有这样一股子劲头，温老师带领的班级后来在级部合唱比赛中勇夺第一名，还参加了学校合唱比赛总决赛。

为参加合唱比赛的学生加油鼓劲儿

温连涛不仅精于数学教学，对体育也颇有兴趣。他每天都会陪学生跑操，还经常到健身房锻炼，与喜欢运动的老师一起切磋。热爱运动的他还加入了历城二中篮球联队，每年参加20多场正式比赛。在他看来，竞技比赛中渗透着健康的理念，

温连涛的数学故事

以及规则意识和团队精神，通过运动把这种理念传递给学生是很有必要的。

一次，温连涛收到了班里5名学生的"挑战书"，几名学生要和他比试一下俯卧撑。可令学生们没想到的是，温连涛总能比"挑战者"多做5个俯卧撑，这让学生们佩服得五体投地。"比试"的过程，也是健康与坚持理念的传递过程。同时，细心的温连涛发现，班里学生的体质一般，于是，他鼓励学生走向操场，走到阳光下。他说："阳光打在你们脸上，健康留在你们身上，温暖就留在我的心里。我不停地为你们加油，因为你们是我生命中的一部分；我不停地为你们喝彩，因为你们的希望就是我的希望。"

在温连涛的带领下，班里组建起了球队。这支由学生和老师共同组成的篮球队，还与校队、教职工、联队打比赛。在这一场场的比赛中，学生们有了拼搏进取的精神，身体也越来越好。

他是细心的班主任"老温"
关注每一名学生，陪伴他们快乐成长

别看温连涛外表大大咧咧，其实"铁汉背后也柔情"。每次迎接新生，他总会想方设法提前了解每一名学生的爱好特长、心理状态、家庭情况等，以期能更快地和学生们熟悉起来。不仅如此，温连涛还在带班过程中关注学生们的每一个细节，这让学生们十分感动。

"'扈琳娜，昨天睡得不好？看你脸色不太好啊。'军训刚过两天，我只是1/64，可您不仅叫出了我的名字，还如此细心地关注到了我的失眠……"这

是老温一个学生在表达对老温的感谢。他知道孩子压力大，容易失眠，总会特别关照一下。扈琳娜在信中还回忆说："我永远记得师母的打卤面，记得涛哥的土豆丝，满满的家的味道。我的高中生活是幸运的，更是幸福的。"把每一名

与学生一起参加升旗仪式

学生当家人，关注到每一名学生，这对于寄宿制学校尤为重要。

温连涛的班里曾有一名来自新疆的交换生，每到周末，班里其他同学都会有父母来送饭，到学校大休时还可以回家。对此，这名学生总是特别羡慕。温连涛看在眼里，记在心里。大休时，他把这名学生带回了家，叮嘱妻子一定照顾好孩子。为孩子换洗衣服、购买些爱吃的零食……妻子也总是一一做好。妻子知道，当班主任不容易，能帮他分担的地方，她愿意更用心地做好。

晓燕是温连涛班里一名来自农村的学生，家里孩子多，父母不能都关注到。晓燕要到山东大学参加自主招生考试，温连涛便开车送考。可到达考场后，晓燕却发现自己把准考证忘在了学校。温连涛马上驱车返回历城二中，往返40多千米，以最快的速度给晓燕取回了准考证。后来，晓燕没有辜负老师的期望，也以优异成绩考入了山东大学威海分校。

即使学生们毕业了，离开了学校，老温也依然用自己的方式关心着他们：给期末考试失利的同学爱心提醒，让他们坚定信心、明确方向；学生出国了，压力特别大，电话里哭诉20分钟，依然耐心劝导；突遇状况，帮着学生出谋划策……

李镇西老师曾经说过："一个真诚的教育者同时又必定是一位真诚的人道主义者。一个受孩子衷心爱戴的老师，一定是一位最富有人情味的人。"对于老温而言，做孩子们的班主任是一件幸福的事情，因为每一个孩子在成长过程中都是在给未来积淀，他希望自己的陪伴能带给孩子们成长的力量！

　　他们忘记了岁月的斗转星移，默默谱写着教育的春华秋实。三尺讲台，是他们耕耘的沃土，他们用坚韧与执着捍卫教师的信仰，用爱心与挚诚和生命进行心灵的对话。他们甘为人梯的精神，源自责任与良知，源自心中坚守的那个清澈辽远的梦，源自定会迎来桃李芬芳的信念。他们一路风雨兼程，始终恪守师道、淡泊名利。一群敬业乐群的奉献者，是这所校园最可亲、可敬的人。

优秀教师高月锋

他的故事和奖牌一样闪亮

高月锋，中共党员，高级教师，现任历城二中创客中心教研组长。第四期齐鲁名师建设工程人选，曾被评为全国创新型名师、全国十佳科技教师、山东省科技教育先进个人、济南市最美青年、历城区十大杰出青年、历城区名师培养人选、历城区学科带头人等，拥有9项国家专利，120次获得"优秀科技辅导员"称号。辅导的学生有870多人次在全国、省、市、区各级各类科技竞赛中获奖，书写创意80万份，其中申请专利4267项。开发的课程获山东省课程资源一等奖，优质课获山东省一等奖第一名。著有《开启创新之门》和《趣味科学探究》等书，教学成果获国家级教学成果奖二等奖、省级特等奖。

2012年、2015年、2018年三次被聘为山东省青少年科普专家团专家，2019年1月被评选为山东省科普专家人才库科普综合类专家，曾到香港、山西、安徽、山东等地的中小学作科普报告250多次。历城二中获得"山东省青少年科普系列活动先进单位""全国创新型学校""宋庆龄少年儿童发明示范基地""全国中小学知识产权教育试点学校"等荣誉和称号。著名教育家顾明远先生来校时曾亲笔题词"教书育人楷模，创新创意先锋"。

教育格言

崇尚科学，创新思维。

教育感悟

学生的成长需要一个恰当的平台和良好的环境氛围。创新教育就是给学生搭建一个发挥想象力的平台，让孩子们的思维在轻松快乐中任意驰骋。这些思维的火花就是未来推动社会进步的希望。

理想的教育是让每一个孩子得到充分的发展，理想的创新教育是让每一个孩子的想象力得到充分的发展。

喜欢挑战，为科技创新全力以赴

2008年初，科技创新教育被学校确定为当年的一项重要工作。高月锋得知后主动请缨，成为历城二中第一个专职的科技辅导员。接到任务后，他忐忑不安，因为科技创新教育是一切从零开始，不知道该如何实施。李新生校长、负责科技创新教育的李矿水副校长带着高月锋老师多方学习调研，最终决定先从课程建设方面入手。

在整个学习调研的过程中，高老师很受启发，也有了一些关于课程方面的想法。而真正让高老师感到震撼的是省发明协会陈明泉老师给同学们上课时的情景：陈老师选用了大量图片，深入浅出，引导孩子们把深不可测的发明创造拉进生活中。整节课学生们处于非常兴奋的状态，思维一直跟随着陈老师走。

从受他人启发到形成独特的科技创新课程体系，从指导学生书写创意到辅导学生申请到4000多项国家专利，从一名普通的信息学教师到成长为一名科技创新教育方面的专家，从为本校学生上课到为全国各地学生作报告及普及推广科技创新教育，一路走来，高月锋专业素养迅速提升。支撑他坚持走下去的源自内心的一份简单追求，那就是成为一个有价值的人。

要想成为一个优秀的科技辅导员，不仅要有渊博的知识，更要有默默无闻、埋头苦干、不计报酬的精神。这也意味着，他要比别的教师付出更多，还必须拥有良好的心态。高月锋说："我喜欢这种挑战，因为它不受条条框框的约束，可以按照人才成长的模式培养学生的科学素质，在内容、教学方式上，可以不断地探索、不断地创新，充满了新奇、刺激和创造的乐趣。"他每天都要学习，要经常接触新的领域、新的内容，每天都不敢懈怠，全力以赴研究辅导内容和方法。他经常工作到深夜零点，特别是科技大赛前几天，经常彻夜不眠。

李新生校长在很多场合夸奖这位有恒心和毅力的年轻人。据李校长回忆，2003年高月锋老师负责"机器人教育"辅导工作，当时学校从上海购买了四台"能力风暴"机器人，这是大家第一次见到机器人，没有任何经验。为了

组织学生"水火箭"比赛

彻底弄清楚机器人各部件的功能和各种传感器的性能，在长达半年的时间里，高月锋经常工作到深夜。就是凭着这份执着，2003年12月在山东省机器人大赛中，他带领的机器人足球代表队经过三天奋战，夺得全省一等奖第一名。

功夫不负有心人，14年来高月锋和他的学生获得的奖牌、证书已摆满了学校科技馆的荣誉墙和长廊。

追求真知，点燃学生智慧火花

高月锋发现，在科技创新的课堂上，学生的思维慢慢发生了变化，课程的神秘面纱一点点被掀开：发明创造人人可为、处处可做，发明创造就是用简单的方法解决复杂的问题。后来，高月锋侧重教学生进行与生活密切联系的实用小发明，并引领学生保护自己的知识产权。

邮箱会自动显示"腹内"信件的数量；水杯倒满水时，能够第一时间提示盲人；在黑暗中写字，笔尖居然发出明黄色的光……每一件作品的构思都让人惊喜，奇思妙想源源不断地诞生。

教育家顾明远先生亲笔题词："教书育人楷模，创新创意先锋。"

　　拥有8项国家专利的隗来同学把"吸盘圆规"放到数学老师面前的时候，着实让老师惊讶。问及隗来同学的设计初衷，她说，上课时看到圆规针在黑板上划来划去，她就想用吸盘代替圆规针，既安全，又美观，还实用。在高月锋老师的帮助下她就做了出来，没想到受到了大家的一致称赞。

　　科技与学科结合是高月锋老师一直思考的方向。当学校搭台建成全国首个中学生太阳能实践基地、全国最大的校园科技馆等场馆设施后，高月锋把课堂搬到场馆中，结合数学、物理、化学和生物等学科，与同学们共同探讨和研究。在2008年全国青少年创意大赛总决赛中，高一年级的田磊同学获大赛最高奖——"尚德创意奖"，获得奖金10000元。作为一个体育生，田磊认为这个奖项对自己影响很大，他几乎是第一次全神贯注投入到一件事情上。在备赛过程中，田磊发现自己在知识上有疏漏，如物理方面的电路、力学，数学学科的稳定性、角度等，高月锋老师就和他共同查阅资料、解决问题，最终获得了大奖。踏入工作岗位以后，田磊在汽车装备方面显示出了独特的天赋，受到过德国专家的高度赞誉，还被邀请去德国继续深造。田磊从心底感谢高老师和学校为他创设的这个让他自信起来的平台，尽管开始在学业上落后一些，但他始终保持坚定的信念，最终获得了成功。

热爱教育，行走在"做事业"的路上

2008年12月19日，历城二中成为济南市首家青少年知识产权教育实践基地，高月锋抓住这次契机，把科技创新与研究性学习活动相结合、学生升学与终身发展相结合、特色教育与校园文化相结合、校本课程与其他学科相结合，开始真正在推进科技创新教育体系化方面寻找契合点。青少年科学院、科技创新与知识产权协会、科技创新报编辑部、太阳能电站科学实验小组等学生社团组织，为孩子们在经历头脑风暴后开创了最真实的情景模拟和创作的空间。

高月锋不仅仅获得了学生的喜爱，更获得了家长和老师的支持。每年11月份，学校都要举办科技文化节，学生和老师都积极提交创意、作品，参与活动。2017年科技文化节中，收到学生创意方案2000多份，实物作品300多份，其他作品500多份，60多位家长到学校和学生一起进行科技创新活动，"小车定位""水火箭"等项目设计比赛引爆全场。

"我代表家长感谢高老师，感谢学校，因为创新教育不但没有耽误孩子学习，反而大大提高了孩子的综合素质。每一件创新产品、创意设计都带给孩子莫大的信心和鼓舞，孩子很有成就感。更重要的是，孩子的效率意识大大提高，综合素质明显增强。现在，我们家长都经常联系，抱成团一齐支持孩子搞创新。"张明（化名）家长的一席话道出很多家长的心声。张明原来成绩排在班里后20名左右，当初他提出要搞创新，家长特别担心。随着活动的深入展开，孩子身上产生的一系列变化让家长深感欣慰，学习主动性强了，精神面貌不一样

了。孩子重树信心，家长也终于找到教育孩子的突破口。

　　汶川大地震发生后，赵帅同学向灾区小朋友捐赠了1000件多功能雨衣书包，成为大家热捧的"爱心明星"。赵帅告诉记者："高月锋老师带给了我一双发现的眼睛，他引领着我走进这个领地。而且爸爸妈妈非常支持我搞创新，全家老少三代齐上阵，连爷爷都帮助我联系工厂。"

　　还有5位同学的发明专利被企业看中，其中"防爆轮胎"专利被滕州一家轮胎厂使用后，为企业带来了利润，企业非常感谢高老师的指导。

　　还有一个学生，她创造性地用初等数学的办法解决了一般用高等数学方法才能解决的任意旋转体表面积的求法问题，思路和方法完全正确，受到了山东师范大学傅海伦教授的高度评价。中科院王宁寰教授和徐光耀教授认为她的创新思维已经到了一个新高度。

　　学生毕业后，学校教育能带给学生持续发展力是教育的目标。景然就是这样一个例子。从历城二中毕业后，他走进济南大学计算机系，大学期间他在热爱的科技创新领域小有名气，但在研究生的考试中却落榜了，而从德国归来的博士生导师偏偏就看中了他，并给教育部写信希望能破格录取他，尽管事情未成，导师仍邀请他加入了自己的团队。之后，景然没有辜负导师的期望，把导师团队用了三年时间没有解决的难题用三个月时间就解决了。景然说，最感谢三年的高中生活，既点燃了他的科技创新热情，也没有让他因为学业成绩暂时落后而感到气馁。

　　10年过去了，高月锋已经站到了一个新高度，当初的彷徨已经被内心的强大所替代。他说他喜欢与学生"吵架"，在碰撞的过程中他与学生共同成长；他喜欢听专家报告，主动要求接送老科学家，利用学习和交流的间隙虚心请教，解决了很多他在平时工作中遇到的困惑；他还特别喜欢做课题、写论文，他把这些枯燥的工作当成一种特别的享受，他参加的3个国家级课题都已顺利结题，课题成果已推向全国……

　　对于未来，高月锋有着更多的思考：作为全国知识产权教育试点学校，他希望能在知识产权教育普及方面做一些力所能及的工作。要继续完善、更新"开启创造性思维"校本课程，让课程更加有思想，有深度，成系统；能

高月锋的科技创新课深深吸引着学生

够继续研发完善科技展品，鼓励更多的学生参与进来；能够邀请更多的科学家进校园，让学生不出校门就能与科学家零距离接触，让学生们的创新潜质不断得到挖掘和培养。

高月锋特别感谢学校搭建的平台，搬进新校后，六千平方米的科创大楼、全国领先的专家、顶尖的技术支持都将成为现实，所有这一切让他更加坚定了信心，为领域做贡献。

优秀教师赵立秋

心随舞动，幸福在"舞者"的世界中

教育格言

教育的艺术不在传授，而在鼓舞和唤醒，多一份赏识，就多一份成功的希望。

教育感悟

没有爱就没有教育，没有兴趣就没有学习，教书育人在细微处，学生成长在活动中。

赵立秋，中共党员，一级教师。始终坚守在梦想的路上，从一个农村孩子成长为一名优秀的舞蹈教师，并带领她的农村娃站在了山东省最高的舞台上。她用舞蹈传承民族文化，诠释真善美，一个个舞蹈作品弘扬着社会正能量。她带领学生连续五届参加山东省中小学生艺术展演，都荣获一等奖，舞蹈作品荣获济南市政府最高奖——"泉城文艺奖"、省文艺界最高奖——"泰山文艺奖"。多次被评为山东省优秀辅导教师、济南市优秀教育工作者，带领的学校舞蹈社团被评为济南市十佳社团。

爱能成就一份事业，只有把职业当事业，方能走得踏实、走得长远。赵立秋深爱着她的舞蹈事业，她说："舞蹈给人最大的震撼就是舞者眼中的努力、执着、坚韧和真实的情感，会把你带到一个属于他和能感动你的故事中。"更多的时候，舞台上那群最绚丽的精灵才是她思想和精神的寄托，她需要在幕后成就她的孩子们，为孩子们戴上光环，让他们自由自在地舞动他们的肢体，诉说故事，传递温暖，升华情感。

扎根农村，编织着农村娃的舞蹈梦想

赵立秋生在农村，长在农村，仅凭着一份对舞蹈的爱好和坚守，她坚定地走过了成长的每一步。她从小就是学校里的文艺骨干，那时对于她来说，最快乐的事情就是唱歌。而她真正接触舞蹈是在16岁，她为之震撼，舞蹈冲击了她的视觉，让她进入了一个全新的世界，在这个世界里，她发现自己真正的生命就是舞蹈。在上学的日子里，琴房、舞蹈教室、图书馆三点构成了她的"三部曲"，周末她还会到文化宫看舞蹈表演，经过不断积累沉淀，她终于实现了自己舞蹈生涯上的第一次腾飞——毕业时，她创编的舞蹈《姥姥门前看大戏》征服了在场所有的老师。

毕业后，赵立秋被分配到历城区鸭旺口小学，她感恩和珍惜每一个演出机遇，无论遇到什么困难，她从未退缩，也从未抱怨。她用两个月的工资买了一台录像机，专门教母亲使用，只要有晚会或演出就让母亲帮着录下来，然后她会对母亲录下的舞蹈视频反复研究、琢磨。不知不觉，她在这所小学扎下了根，她发誓要带着这帮农村孩子去外面的世界看一看。

孩子们没有任何专业基础，学校活动经费也非常少。这些在她面前都不是事，为了省钱，她自己去裁布、买饰品，自己动手做演出服装。在创编《激情奥运》时，她买了十辆儿童车，卸下车轮，自己修改加工成表演道具。与孩子们相处，她看到的是一双双清澈的眼睛，孩子们有模有样地跟着她学习每一个舞蹈动作，从简单到复杂，每个孩子的成长都牵挂着她的心。

一群农村孩子就这样走上了舞蹈之路。作为这些孩子的老师，赵立秋既感恩又骄傲，孩子们的勤奋刻苦成为她继续前行的动力。功夫不负有心人，在她的培育下，孩子们站在了山东省大剧院的舞台上，表演的《喜鼓》《激情奥运》等舞蹈让评委和观众赞不绝口，当他们得知表演者来自济南历城的一所农村小学时，大家都肃然起敬。

农村是一片广阔的舞台，唯有怀有梦想的人才能创造奇迹。作为一名教师，赵立秋勇敢地站在农村这个舞台上，用自己的付出和美丽的梦想为孩子们编织了一个爱的舞台，让孩子们可以与舞蹈结缘，在成长路上拥有了一片不一样的天空。

舞出灵魂，用舞蹈传播真善美

后来，因为工作需要，赵立秋被调入历城二中。历城二中浓郁的文化氛围以及师生勤勉敬业的精神深深打动着她，也正是这种氛围，让她不断产生灵感。伴随着师者与舞者的责任和使命，她开始用舞蹈的形式传递力量。

她改编的舞蹈《岁月如歌》就是源于学校里的师生情。在该舞蹈展演的时候，舞台上的孩子们用肢体语言表达着对老师由衷的尊敬和感恩，尤其是孩子们追随老师的身影并落泪的场景打动了在场的每一个人。谢幕后，孩子们久久没有从情境中走出来，依然沉浸在舞蹈中，抱头大哭。这是孩子们对老师真挚情感的体现，她们的舞台表现，同样也传达出一种精神力量：历城二中的老师们用真情和奉献赢得了孩子们的尊重与认同。

优秀舞蹈作品《岁月如歌》

　　赵立秋一直在思考，她的舞蹈应如何呈现传统文化？如何与这个时代紧密结合？如何让更多的人通过她的舞蹈认识历史？经过揣摩与创作，她做到了。当有着浓郁济南历史文化特色的舞蹈作品《梦荷》呈现在观众面前时，"李清照"的才情、"荷"的婀娜、《月满西楼》《如梦令》《题八咏楼》等词的曲调，抓住了他们，以物喻人、以人衬景、动静结合，舞蹈将一代词人李清照还原给世人，让观众在受到视觉冲击的同时，开始思索人物、追溯历史。

　　大多数时候，人们只看到了光鲜的舞台人物，往往很少了解舞蹈创作背后的故事。作为编排者，赵立秋所做的就是幕后工作，这更需要智慧、耐心，要甘于寂寞、坐得住"冷板凳"。

优秀舞蹈作品《梦荷》

　　一个舞蹈作品编排时，赵立秋发现它有27个版本，为精益求精，带给观众最原生态的舞境，赵立秋必须一遍一遍地做修改，看到孩子们辛苦地排练，她也想将就，但在原则面前她仍选择了坚持。激情——没有激情——沮丧——绝望——重生，在这样一次一次的坚守中，孩子们战胜了自我，赵立秋和她的孩子们的内心变得更加强大了。

　　训练中，赵立秋对孩子们要求特别严格，"大呼小喝"是常态。孩子们怕她，因为她不近人情，但也都理解她，私下里都管她叫"赵妈"，因为她无时无刻不在呵护着他们。赵立秋希望孩子们既要在舞台上展现最绚丽的一面，也要在生活上保持低调。每周赵立秋都要和孩子们谈心，她总会用娓娓道来的语言和他们交流什么是真善美。每年暑假集训时，赵老师的"西瓜铺"都深受孩子们追捧。每天她都给孩子们准备好西瓜和新鲜水果，让孩子们排练结束时总能吃到切好的西瓜，这时，赵立秋总会非常幸福地看着这些孩子。她特别感恩历城二中这个大家庭，感恩音乐组团队和孩子们的付出，感谢其他老师的真诚帮助。

搭建平台，让艺术之花绽放

2018年5月13日晚，历城二中艺术团成立，当晚就举行了艺术团成立文艺会演，舞蹈、国乐、合唱三大分团近三百名师生为大家带来精彩纷呈的艺术盛宴。艺术团的指导思想是"以先进文化引导人，以高尚情操塑造人，以优秀作品鼓舞人"，目标是"打造特色校园文化品牌"，真正践行"为每一位师生搭建发展阶梯"的教育理念。二中的艺术团现已成为一个拥有一批素质高、

赵立秋和她的团队在学生艺术团成立大会上宣誓

能力强、有培养潜力的文艺骨干团体，下设舞蹈团、国乐团、合唱团等。对于赵立秋而言，有这样一个平台就意味着有更多的孩子可以接受更好的艺术教育，提高艺术素养。

艺术教育带给孩子们的不仅仅是他们的自我的成长，更多的是告诉他们如何回馈社会、回馈大众。谈到这一点时，赵立秋举例说，学校国乐团的孩子们每个周日下午都要集训三个小时，曲祥老师作为校聘艺术总监亲自来给孩子们上课、指导。经过专业的引领与点拨，整个国乐团的水平与境界都提升了一个层次。而后，这支国乐团不仅要自我发展与成长，他们还会走进社区，承载着文化传播的责任与使命，让更多的人去认识国乐、欣赏国乐。

2018年8月底，历城二中搬迁到唐冶新区，学校也把科技创新教育、陶艺教育、艺术体育教育作为深化素质教育的特色名片继续提升与打造。而在艺术教育方面，也配备一流的资源，新建的闻韶艺术馆包括5间舞蹈排练厅、3间合唱排练厅、3间国乐排练厅、7间音乐教室、30间琴房、一个可容纳1500人的专业剧场；校内艺术教师20人，校外固定外聘教师17人，各专业领军人物都汇集于此，助力打造二中艺术教育的特色品牌。对于赵立秋而言，她感恩学校的支持，希望竭尽所能，在舞蹈、国乐、合唱、书法等多个方面形成一个系统的培养体系，不仅仅让二中的孩子受益，她更希望未来这种"福利"能够辐射到唐冶甚至周边更多的老百姓中去。

谈到舞蹈，用"走火入魔"这个词评价赵立秋一点都不为过。饭桌上，走路时，她的比比画画总会让不了解的人感到莫名其妙，舞蹈已经成为她生命中的一部分。伴随着时光的流逝，她有着更大的梦想，就是继续心怀感恩，用艺术书写教育人生、用艺术成就更多孩子！

优秀教师朱晓刚

精致老师追寻有思想的教育

朱晓刚，中共党员，正高级教师，山东省特级教师，历城区优秀政协委员。市、区教学能手，省优质课一等奖获得者，省骨干教师，济南市第五批高中政治学科带头人，济南市优秀政治教师，济南市教育科研先进个人，历城区首届教育科研带头人。

教育格言

教育的真谛是爱。

教育感悟

水至柔至弱，滴水能穿石。老师就是从一次谈话、一个眼神、一个微笑中，点点滴滴地教学生做人。

教育是爱的共鸣，是心和心的呼应。教师只有热爱学生，才能教育好学生，才能使教育发挥最大的作用。

家长是一支蕴藏着巨大教育潜力的队伍，他们中间很多人的素质并不低于教师，教师只有放下架子，经常虚心地听取家长的批评和建议，才能调动家长参与学校教育教学的积极性，从而不断改进自己的工作。

热爱学生，必须了解学生、尊重学生，时刻把学生放在心上，体察学生的内心世界，关注他们在学习、生活等方面的健康发展，同情学生的痛苦与不幸，与学生建立起和谐、友爱的师生关系。

朱晓刚最喜欢列夫·托尔斯泰的一句话："人生的价值，并不是用时间，而是用深度去衡量的。"他喜欢把工作做精致，把生活过精致。于是，做教师，他让学生在自己的课堂中张扬个性；做班主任，他让学生成为班级管理的建设者与参与者；分管教科研工作，他让老师们拿起研究的武器助力专业快速成长。他是一个好父亲，培养了优秀的女儿；是一个好师傅，指导青年教师走上省市优质课的舞台；他还是一个旅游爱好者，走过了希腊、意大利、法国等十几个国家，跟着"驴友们"转遍了周边很多地方。

让课堂充满智慧、洒满阳光

2004年暑假，朱晓刚作为骨干教师调入历城二中。2006年推荐参评特级教师时，在干部与老师之间，李校长选择了朱老师，其实当时参评的干部也是非常有实力；2016年腊月二十五，从外地出差回来的李校长不顾旅途劳

毕业学生"念师恩"，与恩师合影。

累，看望了朱老师的父母。这些事，不仅让朱老师感动，而且深深地印在了记忆中。他常常在反思：在一所学校，校长时刻把老师的事情放在心上；作为教师，更应该时刻把学生的事情放在心上，必须保持一颗"纯粹心"。因为在内心深处，老师们永远记得的是最暖心的关怀，学生们记得的永远是给予他们智慧、尊重、陪伴、关心、帮助、呵护的老师。

新学期第一节课，朱老师请同学们在课本前言"致同学们"的空白处，记下朱老师特别准备的"致同学们"：学案三步走，自学、听课、完善；落实三部曲，互查、板演、考试；学习三层次，记忆、理解、运用。随后，朱老师带着大家开始学习"揭开货币的神秘面纱"……后来，同学们都说朱老师很特别，很快融入了他的课堂。

有一次，朱老师要讲授"加强思想道德建设"的内容，在"随机学情调

查"时，他让同学们想一想父母长辈们都是用什么话来夸奖他们的。然后，他和同学们分析了这些词：有表智力的，如聪明、巧、棒；有表容貌的，如漂亮、帅；有表天性的，如好玩、滑稽、赛；有表亲昵的，如宝宝、宝贝等；有表讨巧的，如乖、听话。但唯独缺少了表道德的。其实，这反映了家庭教育"重智育，轻德育"的现状，当然这不仅是家庭教育的问题，也是一个社会共性问题。朱老师当即送了同学们八个字："小成靠智，大成靠德"，并用古今案例引导大家：凡是有大成者，无论是学界泰斗、政界精英、商界传奇人物，能被世人传诵、景仰的，无不是道德楷模！"德不称其任，其祸必酷；能不称其位，其殃必大。""才者，德之资也；德者，才之帅也。"古人都懂德才兼备的道理，我们更不能缺失了思想道德的建设。今天我们学习"加强思想道德建设"……那节课，同学们很投入。

对于教书这件事情本身，朱老师有独特的理解。他始终觉得教学不是付出，而是收获。教师应该是教室里不断生长的"一棵树"，通过教学，通过学生的收获和成长，而使教师自己枝繁叶茂。教师在教学中并不仅仅是奉献，更能在教育成功时收获到成就感和幸福感。教学的幸福应该是相互感染的，因为你成就了学生，学生也成就了你。

班主任要做有"心"人

对于班主任的角色定位，朱老师分享了自己的心得：管理班级有"雄心"，班主任就像一个指挥员，要让全体同学了解你的"雄心"，号召他们支持你的工作；组织活动有"匠心"，如何组织、组织什么样的班级活动既体现了班主任的素质和水平，又关系能否提高学生的觉悟和能力，需要独具匠心；处理问题有"公心"，对每个学生都要一视同仁、以诚相待。面对挫折有"恒心"，要教育学生正确面对挫折，并善于总结，找出差距，有恒心、有毅力去迎接新的挑战；教育学生用"苦心"，"一把钥匙开一把锁"，方法要因人因事而异。

刚进历城二中时，他担任高三政治组长、文综组长和一个班的班主任，教两个班的政治课。当时那个班是级部出名的问题班，接手的第一天晚上，朱晓刚就发现有一名女生没有回宿舍睡觉。这个女生就是"老乐"，老朱和她的故事就从这里开始了。

找到"老乐"时，朱晓刚对这个孩子的情况已经了解了，知道她经常闹着请假回家，还

朱晓刚带学生了解"时政新闻"

是个有过离家出走念头的"郁闷"学生，而且经常找任课老师谈心，一谈就是两三个小时，越是和气一点的老师她越是频繁地找。随后，朱老师和她第一次进行个别谈话，交流了3个多小时，确定了对她必须要谨慎采取对策：尽快地联系家长，详细了解情况、交流看法，所采取的教育措施要取得家长默契的配合；耐心、专心地倾听她的想法，不管她的想法多么不现实、多么不合情理甚至纯粹是"梦想"，也不能断然戳穿，但也不能用同意、肯定的口吻巩固、强化她的"梦想"，要给她提出适当的要求和建议；要谨慎地保护她脆弱的自尊，尽量避免老师、同学们对她的批评性、否定性刺激。

之后，朱老师频频"领教"了"老乐"的"难缠"，隔三岔五都要和她进行一次"谈话"，每一次朱老师都谨慎开导，但也不是简单地顺从，而是跟她提了一些条件和要求。"老乐"搬回宿舍以后，朱老师叮嘱了舍长和舍友，尽量保护她的自尊。六七次"个别谈话"之后，"老乐"在结束时会跟朱老师说"耽搁老师很多时间，不好意思"之类的抱歉的话了，而且找朱老师"谈话"的间隔也逐渐长了，从每周至少一次，到半月一次，甚至更长；每次谈话的时间也从两三个小时逐渐缩短为一节课，甚至不到十分钟了。与此同时，"老乐"也逐渐"忘记"了"特批"给她的每周允许回家一次的"权利"，和其他同学完全一样，不闹着回家了。每次考试结束，必定是"老乐"找朱老师"谈话"的日子……终于有一天，"老乐"说自己想当名人，上名牌大学的目标太不现实，但是不管怎样，也不会辜负高三的时光，会尽自己

最大的努力学习，不留遗憾
……朱老师就是这样用耐心和
爱心帮助"老乐"度过了"叛
逆期"。如今，"老乐"已经结
婚生子，成了一名优秀的公务
员，至今与朱老师保持联系，
一直称老朱为"恩师"。

朱晓刚主持的"生命教育"课题获奖

　　面对屡屡犯错的学生，朱
老师耳畔总是响起教育家陶行
知的名言："你的教鞭下有瓦特，你的冷眼里有牛顿，你的讥笑中有爱迪生。"
对于学生的犯错，朱老师会招招化解，既不会大发雷霆，更不会爱搭不理，
就是关注他们、不放弃他们，成为他们的"大朋友"。学生方舟在给朱老师的
信中提到："当我还是一名'渣生'时，不曾对自己抱有什么希望，更不谈理
想与前途，是您一次次激励我，我把您的关心放在心里，它成为我拼搏的一
大动力。"学生们信任他，因为他们发现班主任是与他们同舟共济、荣辱与共
的朋友，不是监督他们的"警察"。

　　朱老师团结、依靠任课老师，每月召开一次准备充分的家长会，以身作
则，用勤奋敬业和全身地的投入感化学生。经过一个学期的努力，这个班由
后进变先进，2005年被评为济南市优秀班集体；这一年高考中，朱晓刚担任
组长的高三文综组也获得了全市第一名的优异成绩。

　　当班主任时，他和学生"约法三章"：一不打骂学生；二不对任何一名学
生失去信心；三不向家长告状，取得成绩要报喜。他和家长分享"亲子教育
心得"：父母要注重自我发展和终身学习；要求孩子回报；可以对孩子说
"不"；不能放弃父亲的职责；不比基础比进步。

　　朱老师善于思考、笔耕不辍，他把教育案例和故事记录在博客中，很多
青年班主任都会在朱老师的博客中学习他的教育经验，其实他也希望那些文
字带给青年人启发和思考，让他们在工作中少走弯路。

为教师搭建成长的平台

朱晓刚作为教科室副主任、校刊主编，带头搞课题研究，"九五"至"十二五"期间均承担全国教育规划课题并结题。由他主持的山东省教育学会"十一五"规划课题"新课程高考综合能力测试应对研究"、山东省教育科研规划课题"高中学段生命教育校本教材的开发和实施"和教育部规划课题"生命教育实验"的子课题"生命教育教学组织与实施策略研究"都顺利结题，历城二中也被评为全国生命教育2012年度示范校，他个人被评为全国生命教育2013年度形象大使，编著的校本教材《生命教育》正式出版。他在《思想政治教学》《思想政治教学参考》等刊物中发表文章50余篇，主编、参编教学参考类书籍20余部。在他的带动和督促指导下，历城二中承担的各级课题纷纷结题获奖。

为了让更多的教师学会思考、梳理反思教育教学心得，2006年底他主动请缨，创办并主编校刊《稼轩教研》（双月刊），为教师专业成长搭建平台，

兄弟学校领导赠送条幅

引领教师教育思想和教育观念的转变，在提升学校整体教研水平等方面起到了巨大的作用。《稼轩教研》创刊10年出版57期，共刊登教师文章4091篇，内容涉及学校管理、班级管理、德育工作、教学研究、课题研究、教育论坛等方方面面，一大批优秀文章被《人民教育》《山东教育》《中国教育报》等各级各类专业核心期刊刊用，展示了历城二中广大教师的教育教研水平。中国教育学会会长顾明远先生了解到这一情况后欣然亲笔题词："稼轩教研，教师家园。互相切磋，共同提升"。

朱晓刚热情指导并帮助青年教师成长。10年来，他带了7名徒弟，其中3人获得省优质课一等奖，7人次获得市优质课一等奖。2012年，张治薇大学毕业来到历城二中，由于学的是非教育专业，她没有一点教育教学经验，常常担心自己会误人子弟。自从加入政治组的团队拜朱晓刚老师为师后，她进步很快。尽管朱晓刚平时工作很忙，但他会不时抽出时间去听张治薇的课，并有针对性地提出很多宝贵意见。朱晓刚不仅从精神上鼓励徒弟，而且还在物质上提供帮助，让远离家乡的张治薇感受到了亲人般的温暖。在师傅的悉心指导下，张治薇老师越来越自信了，刚刚工作两年就参加了历城区优质课评选，并一举夺得一等奖。

从17岁那年走上了三尺讲台，到如今40余年了，朱晓刚深深地领会到陶行知先生"捧着一颗心来，不带半根草去"的精髓。他认为，所谓的职业幸福感是对职业生命意义的终极认同，不能外求，只能往自己的内心深处寻求。因此，他在将自己的才情和智慧投向职业的时候，更学会用自己的才情和智慧去关照自己的精神和心灵，让自己保持一颗进取心，并鼓励身边的老师拥有一颗追求心。

优秀教师李安强

追求卓越，只求更好

李安强，中共党员，高级教师。从教30年，李安强从一名年轻的地理教师，成长为中国地理学会会员、济南地理教学研究会常务理事、历城区兼职督学。参与课题多项，10余篇论文获奖或发表，主编或参与编写图书6部。多次在济南市及山东省内外执教各类讲座、观摩或公开课等，获得好评。先后获得全国及山东省优质课一等奖、山东省课程资源评比一等奖、济南市青年科技奖。曾被评为济南市及历城区名师，两届济南市教学能手，历城区优秀教师、优秀班主任、十佳科研教师，教育系统科研创新模范，历城区教育系统优秀共产党员等，所带班级被评为"济南市优秀班集体"。

教育格言

把精彩留在课堂，把希望带给学生。

教育感悟

教师和学生在一起的时间大部分是在课堂上度过的，课堂上的教师和学生，不只是在教和学，还在感受生命的涌动和成长，只有在这样的课堂上，学生才能获得多方面的满足和发展，教师的劳动才会闪现出创造的光辉和人性的魅力。

所以，要尊重自己的职业。只有如此，才能铭记自己的责任，做到自尊、自重、自强，不断提升自身业务能力和师德修养；才能做到爱岗敬业，成为学生满意的教师。

要尊重学生，发挥他们的主体作用。只有真正从内心深处尊重学生这一成长中的独立生命个体，才能做到关爱每一个学生的发展，激发他们的内在动力；才能公平、耐心地对待学生成长中出现的问题；才能真正实现换位思考，建立起平等、民主、和谐的新型师生关系。

要尊重家长，注重发挥教育的合力。只有如此，才能增进家校联系，得到他们的理解和帮助，更好地促进学生健康成长。

要尊重同事。教育离不开团队协作。只有尊重，才能从其他同事那里汲取营养，弥补自己的不足；才能在教学和班级管理中，做到互相搭台、整体为重。这既有利于学生整体素质提高，又促进了学科发展。

尊重，是对生命价值的认可，是开启教育之门的钥匙，是走向成功的"敲门砖"。

李老师在长期的教学中，秉承教育和尊严有关、和价值有关、和人的生命有关、和幸福有关的理念，形成了自己鲜明的教学模式和风格，具有较强的开放性、启发性和探索性，给予学生自由思考和对地理现象辨析判断的空间，以达到提高学生人文素质和独立思考能力的目的。

观看了李安强老师录制提供的2011年山东省高中地理暑假研修课堂实录，外校的傅老师在博客中这样评价："我是一个爱挑毛病的人，对人对事总想着鸡蛋里挑骨头。但是对于李老师的课，我更多的是佩服。"李安强完美的课堂呈现、丰富的教学经验，反映出的是他自身的专业功底和教学智慧，且课堂语言幽默、大度从容，给人以轻松享受之感。

他的课堂是学生最喜欢的地方

李安强老师是教学的技术派：他的课堂，有先进的教学理念、新颖的教学设计、灵动的课堂表现，强调逻辑严密和体系完整，善于启发思维，引导思考，耐人寻味。他教高三多年，熟知题型，深悟考点，课堂容量大，效率高。他有在一两分钟时间内非常准确画出中国地图和世界地图的绝活，更是让很多学生折服。

李安强老师更是教学的艺术派：在教学上，充分考虑学生的兴趣，让课堂成为学生最喜欢的地方，让课堂教学成为学生最喜欢的活动。在课堂上，李安强眼里只有学生。他会充分享受课堂，和学生一起欢笑、一起沉思、一起震撼，和学生一起全然进入一种人课合一的境界。这种境界就是一股浓浓的职业幸福感。在一堂地理课上，灵感又造访了他，他随口吟出两句诗："冬季，我在贵阳的冷雨中；读你，从昆明寄来的阳光。"简短的两句诗，解决了关于昆明准静止锋的一个难点。

开学后，为了迅速记住学生的名字，李安强给学生拍照并将照片随身携带，记名字、找特点、挖故事。很快，他不仅能清楚地喊出学生的名字，而且连他们的特长、爱好都已了如指掌。开学后不久，他便与学生打成了一片。"您让我学会，学会在困难面前依旧坚强，将生活的苦难化作甘甜慢慢品尝，不论多么艰难，总是笑着在每个早上。您让我学会在学习上永不放弃希望，

李安强与学生在一起

用尽全身力量。蜉蝣泅一载，泪翅相受授！谢谢您，让我未来的日子里，拥有了别样的风光。"一位毕业生在李安强的博客上留下了这样一句话。

学生在乎他，他也在乎学生留下的任何东西，班级的奖状，班旗班标，他们的证书，他们寄来的明信片，他们的留言。有个高三毕业生的明信片是这样写的："我们在一起的时间结束了/以后再也不会听到您讲课了/再也看不到您笑/您给我们画地图/您跟大家在一起/留给大家的/是一个热爱地理的李老师/喜欢我们的李老师/严格的李老师/永远忘不掉的李老师/以后只能在回忆中见到的李老师了！"这些，李安强老师都会收藏着，这些学生的物品是他心底深处的一股清泉，让他在日复一日中越过越有滋味。

李老师担任多年备课组长、教研组长，对于学生他手把手指导，对待自己的"徒弟"老师，他更是倾注了自己的心血。他说："教师的成功——代价是学生，笔墨浪费得起，学生的人生我们浪费不起呀！要让年轻老师少走弯路，尽快成长起来，是我们老教师的责任。"他以自己的行动，在工作态度、专业发展方面引领和辐射本校、本区地理教师的发展，使自身和团队都能得到进步和提升，达到"独行快、众行远"的双丰收！

2018年，历城二中地理学科获评济南市学科教研示范学科。他带的徒弟赵猛，成为优秀班主任、山东省优课获得者；徒弟郑海森，成为教学能手、备课组长、济南市优质课一等奖获得者，还多次担任济南市地理高考模拟题命题人；徒弟宋学超，成为优秀班主任、教学能手、山东省优课获得者，新浪教学博客点击量30多万，成

李安强为新教师作专题报告

为教育网红，拥有大批粉丝。李安强老师多年来担任杨永波的业务师傅，他倾心指导，鼎力相助，并严格要求。2016年，杨永波不负师傅的精心指导，在山东省高中地理德育优秀课例评比中夺得一等奖。李安强不仅从教学设计上出谋划策，激发了杨永波老师不少创意和灵感，而且勉励他发挥个人长处，展现自身热情，不拘一格，不落窠臼。尤其是在"自然界常见的热力环流现象"设计中，为了对"海陆风热力环流"有更好的拓展，杨永波手绘了一幅栩栩如生的世界地图，技惊四座，在场老师不禁站起来拍照学习。这些离不开师傅李安强的耐心指导，诸如此类，很多年轻老师都是受益者。

武装好自己才能教导好学生

"学习对我来说是一种快乐，而教师这份职业更要求我们多读书、读好书，从而使工作更科学、更高效。想到这里，我就如芒刺在背，不敢不学。"李安强和同事这样交流。

走进李安强家，2000多册藏书，让你仿佛进入了一个小型图书馆，各类综合性书籍随处可见，地理学、教育教学专著和学术期刊分门别类，让人目不暇接。除此之外，他每周还会从学校图书馆借阅图书，每周如是，周而复始，从不间断。

除了读书，他还拥有两个博客，一个是教学方面的，一个是爱好特长的。在教学博客上，他发表了很多的随笔，写学生，写教学，写体会，写感受，字里行间是一种享受。出于对运动方面的特殊爱好，他专门开辟了另外一个

博客，拓宽自己对该领域的认识，并拥有了诸多粉丝。"我平时还喜欢养养花，做做运动，听听音乐，老师只有自己知道哪种生活是有尊严的、是欢乐的生活，才能够使学生的生活有尊严和欢乐。"李安强透彻地说。

温暖学生灵魂的"强叔"

李安强是一个有故事的人，他不仅讲故事有声有色，自己的故事也是精彩纷呈。他的世界因为有了教师这个身份而有了灵感和激情，因为有了一批批学生而有了动力和追求。他常说一位好老师是有"温度"的人，他要做一位能够给学生带来灵魂的温暖的老师。

"一位久转不化的后进生，在即将丧失对他最后的教育希望时，我幡然醒悟了自己的问题所在，于是，我再次点燃热情、重拾希望。"李安强说。后来那位后进生的身上终于出现了一丝进步的曙光，李安强特别兴奋。

在带给学生改变的同时，李安强那种发自内心的爱也感动了学生。他担任了20多年的班主任，学生们从心里喜欢他。2010年他担任班主任的44级高三（4）班高考结束，学生离校时在教室内哭声一片，很多孩子抱着他哭泣，离别日成为不舍时。2016年他所带的50级高三（27）班的同学们隆重为他颁发了"好老师"证。"强叔""师父"这些亲切的称呼，是孩子们对他的信任与尊敬。"职业幸福感只能往自己的内心深处寻求，它不能告知、不能复制、不能灌输，它只能从自己的内心深处滋生起来、膨胀起来、氤氲起来。幸福，无处不在、无时不在。"李安强说。

李安强老师说自己是教学的实战派，近年来又连带了三届高三。在"班级感动人物"评选活动中，学生给李老师的颁奖词是："大河山川萦绕着您雄厚的嗓音/平原丘陵遍布您人生的足迹/秀口一吐把世界各国描绘/挥手一笔将心中祖国书就/时间不会挡住您满腔的热情/笑容一直显示着您育人的决心/您是我们的地理老师/更是我们的学习楷模！/亲爱的老师，祝福您永远健康快乐！"

优秀教师刘爱军

有实力有魅力的Power老师

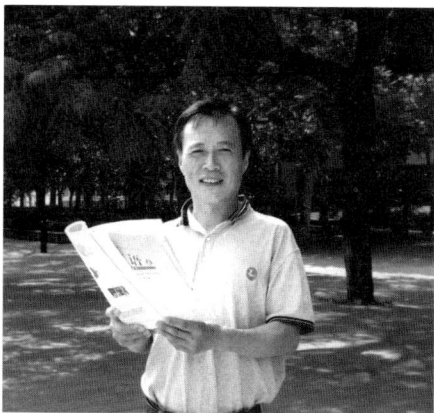

刘爱军,高级教师。工作30年来,担任过英语备课组长、教研组长,历城区教学研究组成员。曾被评为历城区政府教学能手、历城区骨干教师、历城二中首届名师、全国学生素质大赛优秀辅导教师等。承担省级课题1项。

教育格言

Nothing can be achieved without enthusiasm and devotion. 唯有激情和全力以赴方能实现一切。

教育感悟

Being together with my students makes me more charming and creative.

与我的学生在一起让我更富魅力和创造力!

教师以爱为本源,以育人为己任,通过自己的一言一行影响学生,通过不断提升自己的素养技能改变学生,传递给学生正能量,培养学生英语学科素养。

一件小事,可能会让学生久久难忘;一种教育智慧,可以使学生受益终生。

教师应该叫刘心存爱与感动,坚守无私奉献与执着敬业、乐业、勤业的信念,才能在教育之路上完善自我、成就卓越。

什么是教育？作为一个二中毕业后又回到母校从教30年的老二中人，刘爱军老师如此理解教育：爱就开心。这也是他赋予教育这个单词"education"最贴切的解读。

作为一个老教师，他总是激情澎湃。因为他觉得人生旅途总是在梦想和现实之间前行，既然选择了教师这个职业，就得全力以赴，让人生保持一种积极努力的精神状态和乐观的心理状态，并传递给学生，如此才能享受到做教师的职业幸福。

有实力才有魅力，时时刻刻保持教学激情

1988年参加工作至今，刘爱军送过15届高三毕业班，开创过一天内上10节课的纪录。谈起这个纪录，刘爱军引以为豪。在"非典"那个特殊时期，他和同学们共同坚守，7个周没有放假，师生内心迸发出的力量足以战胜一切。早自习、3个班的英语课、3节晚自习，一天下来，他觉得自己就是一个超人，他和学生一起筑起了钢铁长城。

在刘爱军眼里，工作就是一种享受。他醉心于三尺讲台，所有的压力和

刘爱军参加"李阳疯狂英语夏令营"

强度对于他而言都是一种动力。2000年，他担任3个班的英语教学工作。2003年、2004年、2005年，他连续三年带高三3个班，其中包括1个实验班。他家住得远没有公交车直达学校，他先是搭同事的摩托车再转公交车，后来又专门买了电瓶车，有时候来不及了就打个出租车。这就是责任，为学生负责、为工作负责。多年大工作量和高三毕业班的压力让他两次患上美尼尔氏综合征，右耳残疾，听力低下，他从来没有抱怨什么，他说其实最无助的时候就是躺在病床上遭受病魔折磨的时候，就想快快回到工作岗位。

2016年暑假，学校考虑到刘爱军的年龄和身体原因，准备让他只接一个班的英语课，他断然拒绝了。依然教着两个班，享受着英语的快乐。

刘爱军在给全校老师的报告中提到："男人有实力才有魅力。"他始终觉得，所谓实力应该包括负责的态度、渊博的知识、缜密的思维以及无时无刻不保持的激情。其实，这是刘老师的人生目标，他觉得当老师一样可以活出精彩、一样可以成就人生。而他选择了教师这个职业，选择了自己喜欢做的事情，他内心非常淡定，因为在这条路上，他可以无怨无悔地热爱一生。

阳光的Power老师，每天坚持与学生一起读英语

从上初中到现在，刘爱军对于英语相当痴迷，除了喜欢，他觉得自己是英语学习的受益者：当年尽管离录取分数线差十多分，他还是以历城县英语单科第一名的成绩被破格录取到历城二中高中。那个时候，作为一个农村孩子，能够享受到这份"特殊政策"，无疑是一个莫大的惊喜，这份惊喜随之转化为动力，激励着他开启了英语学习之旅。高中毕业后，他毅然决然选择了英语这个专业并回到母校，成为一名优秀的英语教师。

2009年，刘爱军认识到，英语是读出来的，不断重复是学习英语的硬道理。于是每个英语早自习，二中校园里都回荡着学生跟着他一起疯狂读英语的声音。

英语让刘爱军多了一份热情和坚持，从教近30年，他依然激情饱满，青春永驻，享受着每节课带给他的快乐。"Power"是学生送给刘爱军老师的英

语缔号，意思是"活力，能力"。刘爱军在高一第一单元早自习领读这个单词时，特别渲染了一番："You have the power to learn English well. English is a powerful weapon." 这是他一直推崇的英语学习方法：词不离句，句不离篇。后来，学生亲切地称他为早自习激情领读的Power老师。

刘爱军与学生齐唱英文歌曲

刘爱军很欣赏的英语谚语是"The world belongs to the energetic（世界是属于充满活力的人）"。早在1986年上大学后，刘老师就养成了跑步的习惯，至今已有30多年了，从未间断，即使下雨也要打着伞出去走一个小时。他最快乐的时光是跟朋友们打乒乓球，那时他会忘记一切烦恼和忧愁，尽情地挥洒自我。他以球会友，经常参加比赛，与高手过招，总会以精湛的球技赢得掌声。同事、学生、朋友又称他为爱运动的Power老师。

教导学生要有"三心"，抓住时机给每个学生展示的机会

刘爱军在教学中引导学生要有"三心"：静心（silence），耐心（patience），自信心（confidence）。生活中，他也如此，因为静能生慧，静下心来，去除一切杂念，品味、反思一天的工作和生活，能使人克服急躁心理，慢慢地积累，做到厚积而薄发。

他喜欢记读书笔记，每学期都把学校发的读书笔记本记得满满的。他坚持每天摘抄励志格言，以英语格言为主。开学第一课，他会给同学们上英语主题课，其中分享名言名句是很重要的部分。有时候，他也会在课堂上与学生一起诵读。这样做可以一举多得，既能学会英语单词和语法，又给学生传递了正能量，激发了学习兴趣。

教师热爱学生、关心学生，学生才会尊敬你、信任你，喜欢你教的这门

课，乐意接受你所传授的知识。每天，他带着愉快的笑容走进教室，用慈祥的目光欣赏每一位学生，以饱满的热情、激昂幽默的语言进行教学，把情感融入教学中。他经常给学生讲："Your presence is a gift to the world.（你的存在就是给世间的礼物。）"作

乒乓赛场上的刘爱军

为老师，他也珍视着这份世间的礼物，把爱传递给学生，让学生在他的课堂上感受到自信和力量。

　　刘爱军坚持公平对待每一位学生，多看学生的闪光点，给每一位学生展示的机会。他发现萌萌同学是背英语作文最好的，不仅流畅，而且语音语调标准。于是，他鼓励孩子精心准备，让她第二天在全班同学面前进行了精彩展示。这极大地激发了萌萌同学的学习热情，提升了她的自信。他时常教育他的学生："No pains，No gains.（只要付出必定有收获。）"文文和晓茹是英语薄弱生，他不断地鼓励他们，要善于背诵、喜欢背诵，当他们能完整背诵三篇课文时，刘老师适时地在课堂上表扬了他们。后来，每隔两天他们就主动找刘老师背诵，自信心得到了极大地提高。

　　感恩是一种处世哲学，也是生活中的大智慧。在刘爱军的情感世界中，他始终感谢历城二中这片滋养了他的沃土，让他拥有了一辈子都不能割舍的二中情怀。在他的内心深处，始终有这样一种信念：倾其所有报答母校，一心一意教好课。带着这种信念，他在这片深爱的土地上，不忘初心继续前行，争做最出彩的二中人！

优秀教师单庆永

世间最美莫过教育良心，他用"绝活"俘获学生"芳心"

单庆永，高级教师。多次被评为市级、区级优秀班主任，区级教学能手，区级骨干教师，区级优秀教师，区级工会先进个人，区级青年岗位能手，所带班级曾被评为济南市优秀班集体。曾获市级优质课一等奖、区级优质课一等奖。多篇论文分获省、市、区级科研论文一等奖，先后在百种重点期刊发表心理学文章多篇，同时是学校的首届"名班主任"。

教育格言

行胜于言——言必求实，以行证言。

教育感悟

德国哲学家雅斯贝尔斯在《什么是教育》中说："教育就是一棵树摇动一棵树，一朵云推动一朵云，一个灵魂唤醒另一个灵魂。"回头看看自己的教育之路，一路走来，与自己同在，与学生同在，与心灵同在，与家长同在，与社会同在，与风雨同在，这就是我们在去掉纷繁复杂之后，留下的雅斯贝尔斯的教育吧！

他所带的班级，有27人长期坚持公益活动；他用最简单的方式记录着学生最珍贵的心灵独白；他在学生心目中，永远都是"高端大气上品质"……他就是单庆永老师。

在班主任岗位上历经23个春秋的单庆永，一直认为自己是历城二中庞大班主任队伍中普普通通的一位。他的理由有三：其一，二中这个大家庭中比他有成就的老师很多；其二，他做的无论是班级管理还是教学，二中的每一位老师都在做；其三，世间最美莫过良心，二中每一位班主任每天都在凭着良心干活，他也不例外。

润物细无声，班里27人坚持做公益

很多人认为"90后"是典型的"个人主义者"的一代，甚至有人针对个别现象发出"这一代人完了"的声音。在谈及自己所带的"90后"学生时，单庆永却充满了自豪感，并表达了不一样的观点。他说："孩子们敢想敢做，想到了就去做，从不瞻前顾后，这是他们做事的风格。他们一直用心在感受这个社会的发展变化，并希望自己能为这个社会做点什么。他们有责任感但极少言说，总是在行动中书写自己青春的赞歌。"

不少毕业的学生都与单老师有着交流与联系。据单老师的学生介绍，单老师曾经带过的一个班级，有27个学生在上大学期间或毕业后坚持做公益。

有个叫李怡蒙的女孩，以柔弱之躯奔走在非洲的贫困地区，非洲孩子身上的疤痕和脓疮深深刺痛了她的眼睛，非洲人民悲惨的生存状态久久打湿了她的内心。单老师这位以"山东省优秀学生干部"身份考入山东大学经济学院会计专业的爱徒，在很多公众场合都会提到单老帅，她说："受单老师影响至深。"如今，作为国际优秀志愿者，她在非洲肯尼亚第二大贫民窟Mathare地区义务支教，她单薄的力量已经汇聚成强大的辐射场。她在博客中写下那些无奈："走出贫民窟的路就在那里，他们可以走到路的尽头，却走不出这样的人生。"在向世人展示他们悲惨命运与生活的同时，这个女孩子换个角度，用坚强和行动来告诉大家："这让人沉重的一切，都是我们向前的动力。"

曾经的历史课代表谢雨晴去了柬埔寨进行国际英语义务支教，有的同学

单永庆贴心陪伴学生

还志愿去西部边远地区支教或进行社会实践。孩子们的成长似乎是在不经意间，这让老单有了些许安慰，当老师就是希望学生将来能够有出息。记得或者不记得他都是顺其自然的，只是当孩子们告诉老单这些消息的时候，他的内心是有波澜的，其实他不知道他曾经所做的那些事会影响孩子们那么久，有时甚至一生。老单总是感慨地说："什么才是教育？不是我们今天学到了多少知识，是十年后你教授的知识，学生还保有多少。"

绝招"高大上"，培养学生的亮剑精神

每天早上学生唱完课前一支歌，就是单老师雷打不动的精神大餐——美文欣赏。一年一年，他坚持了23年。每天第一节晚自习之前的5分钟，是学生讲数学题的必修课，每天一个学生，轮流登台，天天如此，年年如此。单老师自我调侃道："23年了，在欣赏美文中，在让学生讲题的过程中，我从黑发葱郁、'细皮嫩肉'小青年变成今天白发稀疏、脸上千沟万壑的小老头。"在学生的心目中，老单绝对属于"高大上"，学生如是解释：高端大气上品质。

单老师54期的"扑克牌系列主题班会"绝对是一绝。学习、生活、感恩、

社会等每一个主题背后，都是在他希望达到预期目标前提下精心设计的。每一个故事、案例，每一张照片、插图，都是他从自己收集的大量素材中精选的，有时一个案例会更换几次。很多时候，他发现班会课可以为他和孩子们搭建心与心交流的平台，有时候不需要更多的说

单老师课后辅导学生

教，只是一个眼神足矣。当然，他设计的班会系列不乏榜样示范，这些榜样总会被他邀请回来义务上课。

　　单老师喜欢与学生分享他喜欢的书和电视剧，即便不是他这个年龄读的书，只要适合学生，他也会和孩子们一样，如饥似渴，读到兴致时大家还互相分享心得。通过读书，他希望孩子们了解到真实的心灵，并用青春写下自己最真实的状态。他的善学勤思让他所谓"小老头"的形象更加高大，诙谐幽默富有哲理的"滕州普通话"让他还带有一点"文艺范儿"。他喜欢的电视剧在他拙劣的剪辑技术中成为学生的"精神大餐"，鼓舞士气时让同学们欣赏剪辑版第一集，成绩稍有滑落时让同学们观看剪辑版第二集，单老师的剪辑与独到分析，让同学们心服口服。

整理学生诗集，记录最珍贵的心灵独白

　　在单老师的办公桌上，有几本精致且有一定厚度的笔记本，这是他所带的这个班级中孩子们的"心灵独白"。楠楠说："我喜欢在这温暖的阳光里，掬起一抹清香，把一缕幽静，安然放在心底。所有的经历都教会我们坚强，所有的过往都教会我们懂得。"这是一个学生对生活的坦然。有个叫翎宇的学生从同桌身上学到了很多，她说："我从她身上学到了我终身受用的东西，心态的恬然，待人的友善，学习的专注。"

　　还有一个女生，高二分班时成绩位列倒数第四，后来成绩上升到了中游，她的日志用诗歌的形式，尽管简洁，但处处表达出孩子那颗奋发向上的心：

"所以我开始努力，开始做一年没做过的事，我不需要回报，我只要我想创造的奇迹……这是我最后的机会，可以让未来的我不后悔！"作为一个班主任，单老师从孩子们简单的"心灵独白"中了解了他们的内心，孩子们也在互相了解中更加通畅地交流着，心与心在慢慢地贴近，这个过程是非常和谐与幸福的。

单老师的学生都会写诗或诗歌，水平都很高。单老师喜欢把学生写的诗整理成集，自己插图，并配有自己的阅读心得，打印出来，带着墨香的诗集在班级中传阅着。学生说："疲了，累了，倦了……/整理好衣襟，拍拍尘土，继续向前/我们没有喊痛的权利/这里是充满梦想的地方/这里是我们该疯狂的地方！"老单说："我站在你们身后永远支持你们，我们并肩战斗。"学生说："运行在天，浪行在川。欲度关山，何惧狂澜！"老单说："心灵开启每一扇门，努力会使生活缤纷。"这是怎样的一种对白！他们在唯美的诗境中拉近了彼此的距离，一如老单整理诗集的初心：编一本属于学生自己的书，不在于它的精美和灵秀及永恒，而在于它属于学生，属于孩子的视角、孩子的时代、孩子的心理年龄，会激励他们成长、成人。老单不是神，他无法让每一个学生都能达到所谓的成功，但老单却以这样一种简单且温馨的方式记录下学生们最真实的生活，无论未来的路他们如何去走，这些珍贵的文字都会铭记在他们内心深处，伴随他们让他们温暖。

老单有自己的生活准则，如保持一颗童心、乐于帮助别人、走出去呼吸新鲜空气、不追求不属于自己的东西等等，他说这些可以达到自我疗养的目的。老单更感谢来自家庭的支持，用老单的话说："爱人对我这么好，我更应该对人家好。"对于老单工作的支持以及对老单父母的"孝顺"，是老单给妻子打满分的重要理由。

单老师喜欢夏丏尊先生翻译的那本《爱的教育》，尤其是夏丏尊先生在翻译《爱的教育》时说过的这样一段话："教育之没有情感，没有爱，如同池塘没有水一样。没有水，就不成其池塘，没有爱就没有教育。"

老单说，教书育人不仅仅是一份工作，更是一种情怀，因为每一个灵动的生命个体都是独一无二的。呵护着这些生命，陪伴他们成长，是做教师最幸福的事情。

优秀教师张洪伟
一辈子做教师，一辈子学做教师

张洪伟，中共党员，高级教师，山东省新课程培训专家组成员，济南市高三教学工作指导小组成员，济南市青年教师培训专家。曾在《中学生政治报》《中学生时事政治报》《考试报》《学习周报》《素质教育报》等报刊发表文章40余篇。担任高三教学工作26年、班主任工作12年。曾被评为教育部跨世纪园丁工程国家级骨干教师、山东省优秀政治教师、济南市高中政治学科带头人、历城区优秀教师、历城区教育系统优秀共产党员等。近年来，他在济南、青岛、贵阳、衡水、兰州、赤峰、宿州等地给高三政治老师举行专题讲座40余场，给学生举行讲座百余场，受到与会师生的高度评价。

教育格言

教育的真谛是智慧的启迪、思想的碰撞、心灵的共鸣。

教育感悟

热爱教学，热爱学生，就是热爱自己。敬业最大的受益者不是学生，而是自己。

老师要有宽广的胸怀和博大的爱。只有拥有宽大的胸怀，才会拥有无私的爱。只有用爱心、诚心和耐心去拨动学生的心弦，才能弹奏出动人的优美旋律，奏出动人的乐章。

师德的核心是爱，爱自己的职业，爱自己的岗位，爱自己的学校，最重要的是爱学生。

师爱是师生关系的桥梁，教师对学生的爱，能促进师生平等关系的建立，使师生之间产生相互信任，便于教师和学生展开心灵的对话。

没有爱心就没有教师自我完善的动力；没有爱心就不会有全面发展的学生；没有爱心的教育就没有人类教育的辉煌。

教师，在用生命歌唱。因为教师职业有着特殊性——肩挑着学生的现在，肩担着国家的未来。因此，张洪伟作为有着34年教龄的老教师，丝毫不敢懈怠，心中一直谨记于漪老师的一句话："一辈子做教师，一辈子学做教师。"

一位老教师的专业成长路

从教34年，张洪伟始终认为，支撑教师敬业乐业的不是激情，而是良好的习惯。自19岁参加工作起，他就养成了读报习惯，把有用的新闻、评论等裁剪下来，整理、结集成册，还经常刻印在蜡纸上，油印出来给学生当资料使用。有了网络后，他还是每天坚持把最新的时政热点新闻下载下来，并编辑成教学资料。

此外，每天坚持研读教材、听其他老师的课也是他工作的一部分，从来不以"老教师"自居。带给学生有生命力的东西，是让他坚持行走在学习成长道路上的动力。

在专业化成长的道路上，张洪伟一直坚守五个"用心"，即用心研究教材、用心积累资料、用心研究学生、用心抓好落实、用心研究高考。这也生动地诠释了他作为一名教师对学生的深爱、对职业的敬畏和对专业的尊重。

为了突破教学难点，张洪伟和政治组的老师们一直坚持用理论指导教学实践，并在不断的实践中解决实际问题。高三复习备考是一项系统工程，既需要付出辛勤的汗水，更需要进行科学设计。新课改形势下，如果简单重复采用"老师讲，学生听""背课本，背习题""挤时间，多做题"等传统复习法已经无法满足师生复习备考的新需求。因此，张洪伟、左晓宇等老师进行大胆探索和不断反思，总结出高三思想政治课"三步五环节"复习模式。该复习模式经过"高考考什么——高考怎么考——我们怎么办"三步和"大纲解读——体验真题——教学落实——考点突破，渗透热点——题型归纳"五个环节，形成"夯实基础，明晰规范——释疑解困，理解升华——体验探究，适应提高"的循环发展，着重解决"知识、实际、能力、方法"四个问题，切实使高三思想政治复习课根植于社会生活与时政热点，把理论观点的阐述寓于社会生活主题之中，实现学科知识与时政热点、知识逻辑与生活逻辑的有机统一。而"三步五环节一轮复习模式"经受了实践的检验，被推介为济南市优秀教育教学品牌成果。

他的课让学生百听不厌

同组的老师们说张洪伟能把枯燥的理论和知识着色添彩，描绘成美丽的风景；他甚至会用哲学的观点和方法来做学生的思想工作，让学生学会在更高处看人生。

45级高三毕业生张雪峰说张洪伟老师是她生命中的恩师，是她最崇拜的老师，她最喜欢的就是政治课。她曾这样评价张老师：把学生当作自己的孩子一样关心，把自己当作学生的朋友一样交流。做一个让学生喜欢的老师不难，难的是做一个让所有学生都愿意把这个老师当作自己能够信任的父母、当作自己能够交心的朋友；做一个学术功底深厚的老师不难，难的是可以把知识以最简洁清晰、诙谐幽默的方式传递给自己的学生，让那些对政治学科最头疼的学生，不再觉得上政治课是一种煎熬；做一个能教出好成绩学生的老师不难，难的是他带过的所有班级、在大大小小所有的考试中成绩均能拔得头筹。

政治教研组长连晓芹对张洪伟的一节课印象特别深刻，当时张洪伟所讲的课题是"国家财政"。教材中对于这一内容是按照财政的作用、来源、支出等顺序来设计的，但张洪伟授课时不仅梳理、整合了很多案例和知识，而且打破原有的教材逻辑顺序，按照财政从哪里来（财政收入）到哪里去（财政支出）以及财政作用的框架结构重新进行了整合，呈现出的知识结构、关系更加理顺、学生也更容易理解。

省高中政治优质课一等奖获得者程红艳老师曾说过，张老师对高考试题的研究和对时政热点的解读是"一直被模仿，从未被超越"。

特级教师朱晓刚作为督学推门听课，恰逢张洪伟主讲"经济生活"这个课题，张老师以主干知识罗列八条，从中心知识辐射串讲，分别从高频考点、热点难点等方面入手，纵横捭阖，深入浅出。课后，朱晓刚给出的评价是"讲课者出神入化，听课者聚精会神"。

2017年9月，张良应邀到河北衡水中学讲课，安徽宿州的一个老师专门找到张良老师问是否认识张洪伟老师，并高度评价张

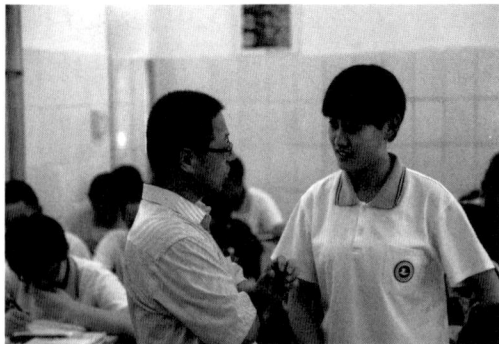

张洪伟与学生交流

洪伟的课堂"娓娓道来，如老酒一般，越品越有味"。张良自豪地说："张洪伟老师是我的师父。"

济南市教研院黄万强老师用"低调、谦虚、质朴、踏实"四个关键词评价张洪伟，认为张洪伟的学科思想高度与他善于学习、勤于思考、躬于研究是密不可分的。

目前已退休的刘廷祥老师在济南市教研室工作30多年，他对张洪伟的评价是："张洪伟是真正研究高考的专家，他对济南市思想政治学科的高三教学指导做出了突出贡献。"张洪伟不仅是历城二中的"宝"，更是济南市思想政治学科的"宝"，他执着敬业的精神，踏实务实的风格、低调宽容的人品值得我们每一个同事的尊重。

俯首甘做教坛人梯

张洪伟对于团队有着深刻的认识和理解，他始终认为和谐的团队是一个学校内涵和底蕴的重要标志，既有利于个人业务素质发展，又利于备课组、教研组工作效率提高。他身体力行，把培养青年教师、凝聚学科组发展当作自己的头等大事。他的徒弟胡魁标、连晓芹、程红艳分别于2012年、2014年、2016年获省高中政治优质课一等奖，有9个徒弟获得济南市优质课一等奖，培养出4位历城区名师培养人选，1位济南市名师建设工程人选，政治组也被评为济南市先进教研组。

连晓芹老师说："在政治组这个大家庭里面，张洪伟老师就像一个家长关心和爱护着每一位老师。在大家心目中，他就像一个全能超人，工作中的困难，生活中的困顿，只要你需要，他就在你身边。"

胡魁标老师说："师父为人随和谦虚，与世无争，明明是权威大拿，却尊重每一位年轻人的观点，明明做出巨大贡献，却把荣誉都让给年轻教师。师父的课堂永远是开放的，随时可以去听。师父的课件和资源是共享的，即便自己多年的研究成果，不藏私、不保留。师父真正用心关注每一位年轻教师的成长，在我们二中政治组，年轻教师无论有没有拜入师门，都得到过师父的无私的指导，我们喊着'师父'一步步成长起来。"

除了洪伟组的老师，历史组、地理组的青年教师也经常听张洪伟的课，喊他"师父"，向他请教一些问题。不仅如此，省实验中学、济南一中的部分青年教师也尊称张洪伟老师为"师父"。

张洪伟曾连续26年负责高三毕业班教学工作，手中积累了很多资料，但他从不藏私，只要组内老师跟他要某一年的某道考题，他很快就会发过来。因为他的无私分享，政治组每位老师电脑中都有相当齐全的高考题库、每年各地市一模、二模题库。在他的带动下，政治组形成了组内资料完全共享的好风气，而这种共享更加快了政治组成员的自身发展。

近几年连续担任高三政治备课组组长的迟晓梅老师说："高三每到关键时期都离不开师父的指导，师父的几句话就能让我们明确复习方向，坚定复习思路。无论是高三教学，还是优质课评选，只要师父在，我们就感到心里踏实。"这也许就是一个德高望重的老教师的价值所在。

朱晓刚在学校名师讲堂活动中用"三生有幸"评价张洪伟老师：

第一，张洪伟的学生有幸。"选择了教师这一职业就是选择了奉献，天底下光辉的职业是因为奉献多才变得光辉。教师的劳动是创造性的复杂劳动，更多的是靠内在的主动性，凭的是良心。教师的工作更多是无形的，是无法量化的，无形的工作更体现出教师的价值和境界，能长久支撑教师无形工作的不是激情，而是习惯。"张老师从来都不对学生发火，总能给学生精心、精良的指导，让学生终身受益。做张老师的学生，是学业中的一大幸事！毕业

张洪伟做"好师傅"，带出两名省优质课一等奖徒弟。

多年的郭杰这样评价张洪伟老师："高中政治的学习生涯给我系好了对政治课程兴趣的第一粒纽扣。高三课堂上我们感受到的不仅仅是张老师的德高望重，还有他对政治知识的'驾轻就熟'和'信手拈来'，那种崇拜感油然而生，老师的一两句话就像打通了任督二脉一样，瞬间就通了，从来没有对知识有过这么深刻的理解，真是好神奇。"

第二，政治组的后生有幸。张老师经验丰富，在高考研究方面很有造诣，而且从不保守、保留，谁跟张老师一起研究教学，谁就能共享到张老师的研究成果，从而取得优异的教学成绩。难怪这几年政治组的年轻教师们纷纷在省市教学大赛、优质课大赛中夺冠折桂，有张老师做后盾，此乃事业中的一大幸事！

第三，校长李新生有幸。张老师"不羡慕谁有多少钱，也不羡慕谁的官职有多大，因为钱和权远没有自由和生命更重要。不要羡慕其他的工作，只有干过才知其艰辛。他喜欢教师这个职业"。从来没有伸手要过荣誉、待遇，对工作的态度却是"把平凡做到极致就是不平凡。潜下心来研究业务，不浮躁，要坐得住、要耐得住寂寞才能不寂寞。热爱教学，热爱学生，就是热爱自己。敬业就要使自己成为自己，别人不可替代、不可复制。敬业最大

张洪伟与青年教师张良交流思想

的受益者不是学生，而是自己。让工作成为习惯，让工作成为生活的一部分"。可以说，张老师"吃的是草，挤出来的是奶"，而且是放心奶！校长能聘到这样的教师，是一大幸事！

　　年年岁岁，岁岁年年。编学案，做学案，批改学案，讲评学案；先导课、研讨课、集体备课，落实上课；备学生，教学生，辅导学生，管理学生；指导青年教师；出小书，作报告，命制模拟试题，这是一个老教师30多年的工作轨迹，如今依然在重复着。张洪伟从未觉得枯燥乏味，因为上课时学生求知的眼神以及学科带给学生的那份喜悦总会不经意间地触动他。他时刻提醒自己努力做一个大写的人，不断提升自己的精神世界，做学生心中最美的教师。

优秀教师张宇

坚守心中那份美丽

张宇，中共党员，高级教师。教学经验丰富，对课堂充满活力，多次参加国家、市、区观摩课，2004年、2007年两次获得历城区优质课一等奖，2008年获济南市优质课一等奖，2009年国家级活动中成功举行观摩课，2011年获国家级录像课一等奖，连续多年被评为历城区学科带头人，曾获济南市优秀语文教师、济南市首批高中语文青年骨干教师、历城区政府优秀教师、历城区名师、历城区教学能手、历城区骨干教师、历城区青年岗位能手、历城区三八红旗手、历城区优秀青年工作者等，多次在省、市教育论文比赛中获一等奖，在《现代语文》《新课程》《个性化阅读与写作》《黑龙江教育》《青年作家》等期刊发表文章，《两袖清风》被选入《济南市廉洁之风》一书，赴衡水中学、贵州修文中学、河南师大附中等交流送课；参与多项国家、省、市级重大课题研究工作。作为学校团委书记，抓好阵地建设，打造品牌德育工作，创造性开展了一系列丰富多彩的活动。

教育格言

学生不是待装的瓶，而是待燃的火。

教育感悟

师者，所以传道受业解惑也。作为教师，我们不仅是学生学习的引导者和领路人，更是他们生命航向的导师。所以，我们肩负的是沉甸甸的历史使命，我们承担的是对社会发展开创者和民族未来缔造者的培养。所以，我们兢兢业业，不敢有丝毫懈怠；我们挑灯夜战，不敢放慢匆匆的步履！

教育是心灵的艺术。老师是耕耘学生心灵沃土的农夫，我们就是要让学生的心灵开出最美丽的花朵，结出最丰硕的果实。我们要凭一颗爱心、一份责任经营这份世界上独一无二的事业。冯友兰在《人生的境界》中将人生分为四种境界——自然境界、功利境界、道德境界和天地境界。我想教育也是分境界的，它应该分为三种境界，第一种境界是把教育作为谋生的手段；第二种境界是教书育人，达到这种境界的老师可以说功德无量，为一个学生的前途，为一个家庭的幸福，辛辛苦苦，呕心沥血；第三种境界是幸福快乐，在谋生育人的同时，自己和学生都获得了快乐。

而我认为，语文是能够达到幸福快乐境界的学科。我一直在做的就是以语言为核心，以活动为载体，以培养学生的语文能力为目的，老老实实、真真切切地让学生在课堂上去读，去说，去想象，去表达，去绽放智慧，净化心灵，与许许多多的美丽相逢，获得那一道道美丽的风景，从而获得人生中最大的快乐。

　　张宇是历城二中一线教师中最年轻的高级教师，很多人在羡慕她的同时也被她那股不服输的钻劲折服。更多的人是欣赏她，她可以把课堂打造得如此"精致"，可以把生活装点得如此"雅致"，可以如此欣赏工作中的"乏味"，可以如此享受生活中的"磨难"，如此一个坚强的女子，把生活演绎成一幅幅精彩的画卷。

做老师不能忘记了那暖暖的"阳光的味道"，坚持将生活带入课堂的语文老师

　　张宇经常说："做老师不能忘记了那暖暖的'阳光的味道'。"是的，这就是生活中的她，拥有一双善于发现美的眼睛，一个善于欣赏美的头脑，一颗善于感悟美的心灵。

　　课堂应该有生活的影子，张宇的课堂总能带给学生深刻体验。在去曲阜孔府、孔庙时，她拍了几张照片，在讲到杜牧的《阿房宫赋》时，给学生展示了孔府建筑中的"檐牙高啄"，她希望学生对此有更直观的了解，更希望学生做个生活的有心人。有一年，济南的冬天下了一场大雪，来自东北的张宇对雪充满了特殊的情结，在看到雪景时她不由自主地想到家乡，想到她拍的很多关于雪的视频和照片，于是整理了一下，在课堂上展示给她的学生们，学生们被东北的大雪所震撼，被张宇深厚的情感所感动。张宇动情地告诉同学们："有了生活才有语言。"有一年农历八月十五的晚上，张宇带着她的学生到学校操场，一起赏月，一起吟诵诗词，一起重温中秋节的由来，一起共享中秋节的习俗，师生共度的团圆节成为学生们生命中一个难忘的回忆。

　　作为语文老师，她最希望自己的学生写学生一手好字，但是现在写字规范且好看的同学越来越少，为了让学生练字，她以自己的亲身经历写了一篇《做人如写字》和同学们分享，意在告诉学生们坚持是成功不二的法则；学生们的周记中经常出现关于父母亲情的故事，她就和学生们分享了她的随笔《苹果》《那兄妹那亲情》《祭表哥文》《向北——我的故乡》《长大后我就成了你》，其实她写的都是一件件生活中微小却饱含浓浓亲情的事情，目的是告诉学生们亲情是人一辈子永恒不变的主题。学到《再别康桥》《雨巷》

时，张宇组织学生在活动室举行"你最精彩——高一（2）班诗歌朗诵比赛"；学到《罗密欧与朱丽叶》时，组织学生在音乐教室举行"演绎中的美丽——高二（24）班课本剧表演"；为了提升学生的辩证思维，彰显当代中学生的气质，张宇组织了54级高一级部辩论赛，同学们在激烈的辩论中展

抓团建，带团员。

示了良好的口才、敏捷的思维，更彰显了团结、自信、青春和活力……

努力和忙碌都是一份踏实，有职业精神追求的学科带头人

"我是一个什么样的教师？""我要成为一个什么样的教师？""我怎样才能成为这样的教师？""我是否在不断地设计着自己的教育理想？""我是否在不懈地追求着一种自我的完善？""我一生的教育生涯应如何度过？"郑立平老师提到过这样一系列的问题，沿着这些问题的实践路径，张宇在边思考边探求中一路走来。

工作初期，能带上高三是每个年轻老师梦寐以求的事儿。张宇和其他老师一样，拼着劲地努力着。为了不让任何一个学生掉队，她经常利用中午午休时间给语文成绩暂时落后的学生听写、提问，利用课外活动时间给基础薄弱的学生补课；为了尽快提高学生语文成绩，在那个条件不好还没有多媒体的时代，在晚自习学生走后她会来到班级写下满满一黑板的练习题，第二天早早来教室督促学生们完成；为了让学生在课堂上学到更多的知识，晚上备课到后半夜是经常的事情。她的努力和拼搏是一种对职业的态度，是对自己的负责，更是对学生的负责。忙碌中是一份踏实，更是一份成绩，后来，她如愿以偿，成为高三老师中的一分子。

张宇第一年带高三，学校把新组建的一个实验班交给了她，让她和山东省优秀教师柴老师搭档，这让她更感压力和责任的重大。那个时候办公室没有电脑，复习资料少，于是张宇就去书店买成套试题，把复习资料上的题先做一遍，然后精选典型题编成试卷让学生做，遇到新题型来不及印就直

张宇参与教师教学基本功比赛

接给学生抄到黑板上。张宇让每个学生准备积累本，写好日期，每天都要整理、背诵，到那年的高考前夕，每个学生都有好几个厚厚的本子。那个时候，在张宇的心里，没有什么克服不了的事。为了快速提升自己，每天每节课她都会先备再听同组老师讲课，然后再备课，最后才给学生讲；为了让板书清晰明了，她买来字帖临摹楷书，然后在黑板上一笔一笔地给学生演示；为了让每一位学生能清楚地听到她的声音，她对着镜子张大嘴巴练发声……第一年教高三，张宇所教两个班的平均分分别是113分和120分，其中一个班的优秀率达50%，而她也由此获得教学生涯第一个荣誉——历城区优秀教师。优异的成绩背后是张宇的艰辛付出，而这份沉甸甸的荣誉正是对她最好的肯定。

之后的几年，张宇连续带高三，有一年还同时负责三个班的语文课，一周至少32节课。张宇说，这些年她几乎教遍了所有类型的学生和所有形式的班级。实验班、艺术班、复读班、平行班、奥赛班……为了让自己在教学上头脑清晰、课堂上有条不紊，张宇学会了写工作日志，提前把一周的教学规划写下来、把近几天的工作任务记录下来，完成一样划掉一样，这个习惯保留至今，张宇明白"井井有条"是保证工作成功的重要因素。

2008年张宇教高一，由于教学成绩突出，大家推荐她担任备课组长。其实备课组长更像是一个大家长，管理的事务琐碎，不仅是教学，还有很多日常事务，甚至包括办公室的卫生问题。就是在这些琐碎事务中，张宇懂得了

如何更好地与人交往、如何更好地为大家服务。她觉得帮助老教师找个题、排个版、跑个腿，这些小事很简单，却能锻炼自己的能力。更重要的是，如何安排学案内容，课堂上如何突破重难点，如何提高课堂效率，如何真正有效利用早晚自习，诸如此类问题的思考与具体实践，帮助她站在更高的角度思考学科建设与发展，当挑战性化为成就感、成就感化为幸福感时，她觉得内心无比充盈。2011年、2014年、2017年担任备课组长的张宇，不仅在教学工作上游刃有余，更是带领其他老师一起探寻语文教学真谛，她们近几年一同承担了微课题《〈史记〉教学初探》《诗词教学的归纳、拓展与延伸》《新高考背景下的有效阅读模式》《〈红楼梦〉蕴含的传统文化》等工作，使语文教学从以前的粗线条型转为注重细节的研究，语言的品味；使课堂从以前的单纯性的教师传授转为学生探究、教师引导，还有比较阅读、个性化解读等教学的成功实践使她信心满满，她觉得语文老师就应该是有情有义、有思想有智慧、有正气有操守的人。作为语文老师，她享受着伴着清脆的上课铃声踏上讲台时的轻盈，享受着听到学生们响亮的"老师好"之后的舒畅，享受着上完课后看到学生们脸上笑意盈盈的惬意，享受着孩子们明亮眸子里的那一份执着与渴望，享受着叽叽喳喳一通之后那一份满意的宁静……是啊，还有什么比这更让人满足的呢，还有什么比这更有意义的呢！

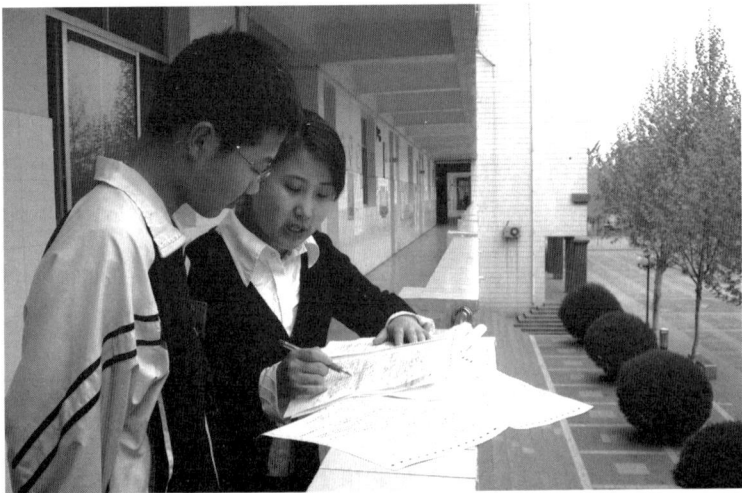

张宇认真辅导每一位学生

人生在勤，不索何获
打开学生视野的团委书记

2009年，张宇成为学校的团委书记，负责学校的团委工作。做团委书记这些年，她对教育的意义和真谛有了更深刻的理解。德育工作是学校工作的灵魂，致力于对学生思想品德和人格素质的培养，体现着学校教育的基本目的，对学生健康成长和学校工作起着导向、动力和保证的作用。因此张宇一直扎扎实实地从学生需求的角度开展工作，确定"厚德、立志、博学、成才"为主线的四大主题，凸显学生做人、求学以及未来发展的基本要求。在此基础上，她以主题月的形式将活动串联起来，如三月份的学雷锋活动月，四月份的远足祭英烈活动月，五月份的畅响青春活动月，九月份的感恩教育月，十月份以爱国为主题的艺术节和体育节，十一月份的学生风采展示月，十二月的"国家·责任·我"大型系列活动。

2016年，学校举办大型成人礼活动。为了让以"祝福"为主题的视频真正对学生发挥作用，张宇通过班主任、朋友等联系了很多有影响力的社会人士寄语学子。当得知可以联系到诺贝尔文学奖获得者、著名作家、山东老乡莫言先生时，张宇既兴奋又激动，如果能得到莫言老师的祝福，学生们一定很受鼓舞。但得知莫言先生谢绝一切社会活动在专心写作时，张宇再三恳请，并说这并不是社会活动，历城二中在济南市口碑很好，是一所很值得莫言先生为之开口的学校。视频发过来了，莫言先生对二中学子寄语："在此祝福历城二中参加成人节的同学们一切都好，祝你们的老师好，祝你们的学校越办越好，繁荣昌盛，培养出更多有用的人才。"虽然费尽周折，但看到同学们沸腾的瞬间，看到同学们振奋的激情，张宇沉浸在幸福中。

张宇还协助学校工会的日常工作，协助管理学校的党务工作和宣传工作，工作烦琐、零散，每天都有一项又一项的工作要去安排、去完成，同组的老师经常说她"像个陀螺一样""难得看到她有闲下来的时候"。但是，也正是在这忙碌中，她不断成长着、成熟着，当一项项工作圆满完成时，她满怀喜悦；当学生们的脸上洋溢着幸福的笑容时，当家长对她组织的活动赞叹不已、

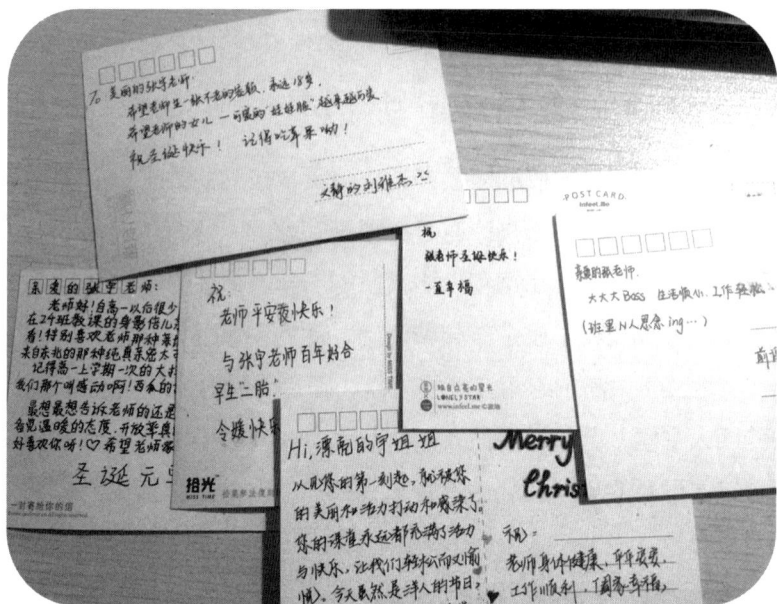

张宇收到学生满满的祝福

微信转发并纷纷点赞时，她更是心满意足。一切的努力，一切的付出，都是值得的。

张宇认为，平凡人的梦想是一个又一个接踵而至的琐事，而只要能认认真真完成一件一件琐事，梦想就会慢慢地靠近。

作为教师，张宇收获的不仅仅是教师节时堆满书桌的祝福，毕业时紧紧的拥抱、伤感的泪水，还有一批批优秀的毕业生，一幕幕值得纪念的满满的回忆，更有对人生的感悟——人生在勤，不索何获！

正如她贴在办公桌上南怀瑾先生的那句话：佛为心，道为骨，儒为表，大度看世界；技在手，能在身，思在脑，从容过生活。

优秀教师白芳

教育，让人遇见更美的自己

白芳，中共党员，第四期齐鲁名师建设工程、第三期济南名师人选。从教以来，不断读书、学习，更新教育教学理念，在教学实践中探索"生命形态的语文课堂教学"的真谛。在提高学生学业成绩的同时，注重学生语文素养的提升和心灵的塑造。

曾被评为济南市首批高中语文青年骨干教师、历城区名师、历城区语文学科带头人、历城区教学能手、历城区优秀教师、历城区青年建功模范等。长于演讲朗诵，热爱写作，曾获山东省高中语文优质课比赛一等奖、全国高中语文教师教学基本功展评二等奖、济南市优质课程资源建设工程评选一等奖。多次在全国、省、市教育教学论文比赛中获一等奖，先后在《中学语文教学》《语文月刊》《语文学习》《语文建设》《语文世界》《语文教学通讯》《中学语文教学参考》等全国中文核心期刊发表教学论文、教学设计近20篇。《跨越时空的美丽——重读<为了忘却的记念>》一文被鲁人版《高中语文教材配套读本》收录，出版著作《生命行走的声音》。参与过多项国家、省、市级重大课题的研究工作，曾获山东省教育教学研究优秀成果一等奖。

教育格言

每一朵花儿都应努力绽放。

教育感悟

传道受业解惑说起来容易，做起来难。我们要用心、用情、用智慧，要教育人、培养人，也要唤醒人。有时候，我会忍不住想：我们虔诚地走在教育教学的道路上或许本身就是在经历一场修行，修德行，修智慧，修涵养，修才情……

高中生，他们已经长大了，能理解也能感受。我们要做的、能做的就是在他们的成长道路上或领跑，或陪伴，或鼓励，或鞭策，让他们愿意并且有信心也有能力闯过这条坎坷的荆棘路。在这个过程中，总会有人跑得快，也有人跑得慢；总会有人一路顺畅跑到目的地，也有人跌跌撞撞、磕磕绊绊，甚至是迷路后折返回来才到达目的地。但只要他们尽己所能健康地闯过去了，就是成功！

如果说，这世上有一门学科可以直击灵魂、滋养心田、提升生命质量，白芳认为，一定是语文！这不仅仅因为语文承载着中华民族泱泱五千年的文化精义，还在于语文学习的过程就是生命体验的过程，它指向人性、人心、人格的养育，指向表现、创造、发展的言语人生、诗意人生。白芳说，她爱语文，更爱她的学生！她愿意和学生们一起徜徉在语文的芳草地，如花儿般静静微笑，美丽绽放！

初生牛犊不怕虎，满怀激情站讲台

2004年，白芳大学毕业后毅然回到母校历城二中，因为实习时表现突出，所以入职后就直接任教高二年级，这在历城二中校史上还是第一例。这份殊荣给初登讲台的白芳带来了莫大的压力和十足的动力，她秉持着"学高为师，身正为范"的信念，毫不保留地将一腔热情和满怀耐心倾注到教育教学中。

"站在讲台上一定要自信、从容。"带着老教师的叮嘱，白芳谨慎地开始了她的第一节课，下课铃响的那一刹那，强烈的自豪感和成就感油然而生。接下来的日子里，她就像着了魔一样，莫名地激动着、兴奋着。笑，似乎成了她表达心绪的唯一方式。办公室里，会突然之间就呵呵地笑起来；去餐厅的路上，更是面带笑容，不时地张望着、搜寻着，听到一声清脆的"老师好"，便开心至极！现在想来，她觉得自己当时一定"傻"极了，但却"傻"得那么本真，那么可爱，那么令人感动！

无论从事哪种职业，只有你热爱它，才会用心去做，才有可能做好。因为热爱是奋斗的内驱力，会让人充满斗志，让人毫无怨言并且竭尽全力地做事情。当初就是这种单纯的热爱让白芳对工作充满了热情与干劲。工作前三年，白芳送走了两届高三毕业班，她没有请过一天假，晚自习都是三四节的辅导，没有一天不是晚上10点之后离开的，几乎所有的时间都用来读书、备课、听课、批改作业、找学生谈话，忙忙碌碌却乐在其中。回想起那段日子，白芳也有自己的思考：那时候，她更多是在拼体力、拼毅力，这或许是种低层次的做法，但年轻教师要想较快地成长，是要拼体力的，是必须拼体力的。

但如果能热爱一份工作，就应了那句时髦的话"累并快乐着"，又何尝不是一种高境界？

第一次送高三，学生的语文高考成绩十分突出，但白芳并不满足，她苦恼于自己经验不足，知识体系构建也并不完善。于是，对待教学她更加严

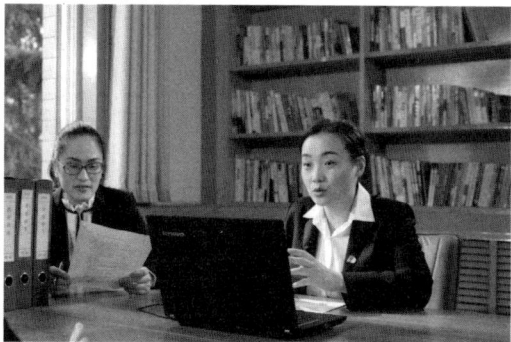

白芳与工作室成员研讨中

谨细致，认认真真研究教材，踏踏实实做高考题，在优质课比赛中脱颖而出，更以142分的成绩在当年的历城区教师素质考试中获得全区第一名。自此之后，她面对学生有了更足的底气，自己也渐渐开始思考学科素养提升与应考之道的结合策略。

入情入境动心弦，生命涌动好课堂

学生说："白芳老师简直就是为语文而生的，每当她用充满感情的声音讲述一篇篇课文的时候，再枯燥乏味的文字也会变得鲜活和生动起来，让我们不得不深深沉醉其中。"

例如文言文《赵氏孤儿》，白芳也可以讲得有滋有味，学生也学得津津有味。从文言知识讲解到疏通文义，再到悟情识人，课堂内容由浅入深，白芳娓娓道来，带领学生回到历史情境用心感悟。

上课过程中，她几乎很少站在讲台上，总是在台下来回走动，时不时地提问学生，和他们近距离交流。从始至终，她一直面带微笑，让人觉得非常亲切。

一堂课45分钟，白芳约有40分钟都在学生中间。"站在讲台上就感觉和学生距离较远，走到台下去，空间距离近了，心理距离也近了，还可以更好地观察学生。"她说，"平视他们，而不是居高临下，会让学生感受到被尊重。"

白芳讲课的风格别具特色，她善于引导学生品读语言、入情入境。以《赵氏孤儿》文末赵武"啼泣顿首"四个字为例，她让学生展开想象，把文字还原成画面。"一千个读者就有一千个哈姆雷特，或许每个人想象到的画面是不一样的，但作为老师，要做的是尽可能让孩子想得细致。"白芳说。

而对于如何想象，白芳有自己的妙招。"假如你是导演，拍摄'啼泣顿首'这个镜头时，你准备拍摄什么画面？如何指导演员表演？"她的提问新颖独特，学生的回答妙趣横生，使课堂气氛活跃、热烈。

"很直白地去讲，学生往往提不起兴趣，变点花样却能收到意想不到的效果。"白芳说，"开展类似的体验活动，学生会很容易展开想象、进入情景，这是语文诗性思维的训练，更是一种生命的体验，正所谓'入情入境动心弦，潜移默化修其心'。"

白芳不拘一格的课堂教学独树一帜，她曾多次执教省、市级的公开课。2015年9月，济南市教研院还特意组织了"白芳课堂教学研讨会"，这是济南市语文学科30年来第二次以个人命名的研讨会，反响热烈。专家点评白芳的课"有人、有物、有术、有趣、有智慧"，能"带给人美的享受"，是"生命涌动的课堂"。

执教济南市"白芳课堂教学研讨会"

一场修行一世情，用心熔铸"教育缘"

提起自己心爱的教育，白芳说："学生时代，我的老师对我启蒙开化、关怀备至，我打心眼里敬佩和感激老师。我也想成为一名受人爱戴、对别人产生积极影响的人。"白芳是这么说的，也是这么做的，她一直信奉着"将心比心""用真情换真意"的准则，不仅关心学生的学习、生活，还关注学生敏感稚嫩的心灵。学生高兴，她心花怒放；学生难过，她黯然神伤，并且和学生一起绞尽脑汁想办法。

白芳说："做学生的思想工作，讲道理很重要，讲话的艺术很重要，但更重要的是，要有一颗真正关心他们、爱护他们、能和他们的心跳产生共振的心。有时候，有些事，或许我们真的很难帮上他们，但是我们至少应该告诉学生，我们理解他、关爱他，愿意站在他身后支持他，更愿意和他并肩作战，一起承受痛苦，一起分享快乐！一个人，有地方发泄不良情绪，有地方得到抚慰和鼓励，就不会轻言放弃！"

教45级高三语文时，白芳发现有个学生虽然勤奋刻苦，但高考前的几次大型考试成绩却连续下滑，学生因此深受打击，情绪几近崩溃。白芳看在眼里，疼在心里，除给予学业上的帮助，还立即给学生写了一篇文章——《"收获"是什么》，希望能借此开解学生，引导他只问勤恳耕耘，不问现实收获。所幸，学生调整好心态，收获了理想成绩，而白芳也在感动和幸福中不断前行、不断成熟，逐渐走上了"生命形态的语文课堂教学"的研究之路。

很多学生都说，他们在白芳老师这里学到了许多，也改变了许多。他们明白了原来人可以这样去奔跑，这样去奋斗，这样去追求；他们不但感到了青春的抽节疯长，还感到了理性与智慧的慢慢沉淀，更明白了责任的含义、人生的真谛。

"白老师很爱笑，笑起来的时候让人感觉很温暖，眼睛稍有些眯起，嘴角微微上扬，仿佛在她笑的那一刻起，这个世界就明亮起来。我喜欢语文课，喜欢爱笑的白老师。"

"我总认为语文老师要教给学生的要比其他老师多一层，除了基本的语文知识，也要言传身教灵魂的力量。白老师上课时总是面带微笑，拥有语文老师独有的文学气质，深深影响着我们，不愧为灵魂的工程师！"

"有些老师，注定是要被学生爱的。直到我们老去的那一天，我们仍然清晰地记得，我们曾经幸运地拥有那么一位特殊的老师——白芳老师。"

一句句发自内心的评语，一张一张的卡片，越积越厚，都是学生写给白芳的，她一直收藏着，视若珍宝。她说，托尔斯泰曾说过，如果一位教师仅

白芳喜欢与学生课下讨论问题

仅热爱教育，那么他只能是一位好教师；如果一位教师把热爱教育事业和热爱学生相结合，他就是一位完善的教师。她还说，或许终其一生，自己也很难成为一位完善的教师，但她愿意朝着这个方向努力，关爱学生，帮助学生，尽己所能为学生飞扬的青春插上有力的翅膀。她渴望在教育的朝圣路上，用真心熔铸教育情缘。

教育，让人遇见更美的自己

"教育，会让人遇见更美的自己。"对学生而言，如此；对教师而言，亦如此。

白芳是一名语文教师，她总认为，语文老师要多读书。读书，让人博学、自信、善良、宽容，又能让人睿智、通达、高贵、圆润。登上讲台，醉心于教育教学后，她读了很多书，有经典名著类的文学作品，也有教育教学方面的专业书籍；专业书籍中，有名家教育情怀类的，也有名师课堂艺术类的。这些营养不断滋养白芳的精神和内心，使她的思想越来越成熟了。她一直觉得老一辈教育家总能循着教育的规律，摸着学生的脉门，提出自己的教育思想和教学主张，那一篇篇充满教育情怀和真知灼见的文章，给予了她崇高的引领和科学的指导，她愈来愈渴望凝视伫立在文字背后的充满责任感、使命感、满腔热忱而又冷静睿智的赤子形象，也热切地期盼着能学得他们的一招半式，让自己的课堂丰富多彩、生动高效起来。"如果能上出更多有高度、有深度、有厚度、有温度的课，该多么美妙，多么幸福!"白芳呼唤着，努力着……

同时，白芳还是学校的团委副书记，并协助负责学校的宣传工作，是校报《离离草》的负责人。团委工作十分烦琐，宣传工作更是刻不容缓，要一丝不苟。现在，白芳还协助负责学校的教科研工作，并担任了校刊《稼轩教研》的主编。任务常常一项一项冒出来，有时也会铺天盖地砸过来，白芳说常觉得自己像只陀螺，一刻不停。但是，在这样的忙碌中，她仍然精神昂扬，满怀喜悦，愿意读书，喜欢思考。她发表文章，创作散文，出版著作，研究课题，参加比赛，也主持许多大型活动。累吗? 答案是肯定的。但每当见到学生，她都会有发自内心的欢喜和真真切切的满足。那一张张纯真的笑脸轻叩心扉，让她心神愉悦;那一声声或清脆响亮或亲切温暖的问好声更是让她神清气爽、脚步坚定! 如果有人问:"教师前行的动力在哪里?"她会毫不犹豫地告诉您:"在学生晶亮的眼睛里，在学生纯真的笑靥中，在一个个执着奋进的身影里。教育，会让您遇见更美的自己……"

从事教育，生活在安静而富有朝气的校园里，看着纯真而又热情洋溢的学生们，无论忙碌与否，无论成就大小，无论财富几何，都会有满满的获得感、幸福感、力量感、使命感。白芳心安然、意昂扬，在教育的征途中，邂逅了那个最美丽的自己，是一件幸福的事情。

优秀教师蒋建青

温暖的语文教师，睿智的"疗伤女神"

蒋建青，中共党员，高级教师，历城区首届"学生心目中的好老师"，历城区骨干教师、教学能手，历城二中首届师德标兵、十佳园丁奖获得者。钟情教育事业，致力于打造有诗意、有温度的语文课堂，出版合著《生命行走的声音》一书。热爱阅读，家庭读书氛围浓厚，曾获历城区读书家庭、"全国书香飘万家"活动"创意阅读书香家庭"等荣誉称号。国家二级心理咨询师，兼任学校心理健康教师，为学生解烦扰、带学生出困境，被学生称为"疗伤女神"。秉承以仁爱之心育天下英才的教育理念，成立公益儿童国学堂，带领学生诵读国学经典、感受圣贤智慧。

教育格言

最快的脚步不是冲刺，而是坚持！

教育感悟

教育是心的事业，所以作为教师，要让自己的心无限地延展，无限地扩大，容得下天地万物，容得下人生苦乐，让自己变得更柔软、更坚韧、更有力量！

不忘初心，努力将每一节课上成精品课

蒋建青是一名语文教师，她非常珍视这个学科带给她的精神享受。当年报考大学时，她在所有志愿的专业选项上都填了"中文系"，因为她热爱祖国的语言文字，热爱每一个文字背后跳动着的生命和灵魂。一路走来，她不忘初心，陶醉在语文学科世界中，文字的美妙，语言的精彩，写作的自由，学生的成长……这一切都成为她教育生活中最动听的旋律。

蒋建青认为，做教师，要敬畏教育、尊重学生，这一切都源于对课堂的深深热爱。蒋老师说，对精彩课堂的期待来自一个教师可贵的、无须提醒的自觉，保持这份自觉，才能努力将每一天的每一节课上成精品。十几年如一日，蒋老师正是以这样的一份期待，来对待她的课堂和她的学生的。

她永远都觉得：语文是滋养心灵的沃土，语文可以让人的精神一辈子不缺"钙"，让人享用终生。任他风云变幻，求真、乐善、寻美的语文教学追求永不改变！于是，她从未中断学习，即使事务再多，也没有放弃读书的习惯；即使再忙再累，也不让课堂失去光彩。站稳课堂，不断读书，不断写作，不断学习，不断成长，是蒋建青老师对自己的承诺。

蒋建青义务为教师子女开办"国学堂"

她做到了！她的课堂，学生沉浸其中总会收获喜悦；她的课堂，娓娓道来总能传递至真至善；她的课堂，如诗一般意蕴悠长、令人回味。调到历城二中工作的13年间，她有8年教高三年级，即使在高三复习最紧张的时候，她也能让自己的课堂灵动而富有生气。学生喜欢她，说蒋老师让人变得冰雪聪明，充满灵气，善解人意。

在蒋老师眼里，最珍贵的莫过于学生对她的喜爱。在她的教学生涯中，经历过很多动人的故事，收到过学生们形形色色的礼物，其中有一张卡片她尤为珍视。那是一张学生们自制的卡片。卡片上有这样一段话："诗词歌赋，因您的讲解而迷人；三尺讲坛，因您的存在而精彩。老师，您辛苦了！谢谢您，有您我们真幸福！"卡片四周粘贴了亮晶晶的小星星，写满了全班学生的签名，形态各异的笔迹仿佛孩子们各具个性的笑脸。

疗伤女神，不断学习成为心灵导师

"很多问题不是单纯的学科知识所能解决的，育人比教书更重要。"这是蒋建青在18年的教育实践中得出的深刻体会。

蒋老师用自己的学识魅力打造精彩课堂，用自己的智慧魅力享受生活。不仅如此，当她看到学生们那种种困惑的眼神、沮丧

蒋老师为学生做心理辅导

的神情以及无助的目光时，她被触动了，她又利用业余时间学习了心理学的基础理论知识，考取了国家二级心理咨询师证，成为一名持证上岗的心理咨询老师。

为了提高自己的实务技能，几年来她一直坚持利用节假日外出学习，接触不同流派，坚持咨询师个人成长和实务技能提高，别人休息的时候她在学习，别人放松的时候她依然在忙碌。

作为寄宿制学校，学生咨询预约的时间常常是休息时间或下班之后，耽误吃饭是常事。但是学生愿意将从未示人的隐痛倾诉给她，愿意将心灵深处最痛的伤疤展示给她，在蒋老师看来，这份沉甸甸的信任是让自己继续走下去的动力。

曾有一女生，由于人际关系处理不当，自己感到在班里孤立无助，心情郁郁导致成绩严重下降，甚至想要退学。当这个女孩抱着试试看的心态走进心理咨询室，经过蒋老师的心理疏导之后，状态转好，成绩也迅速回升。这个女孩兴奋地向自己的同学推荐说："蒋老师真专业，她安静地坐着，听我诉说，为我解惑，对我来说，她就是一味疗伤的药。"

还有一女生说："我只要心里堵得不行了，就去找蒋老师。只要跟她聊聊，心情准能转好。她是我的疗伤女神。"

沁入心灵，始终跟随学生成长步伐

心理学的学习，使得蒋老师更加宽和宁静。蒋老师的愿望和目标，就是通过不断自我修习、成长，让她带的每一届学生都比上一届更有福，每一天都比前一天更有福。

她从不轻易发火，她说："发脾气是情绪的宣泄，对事情没有任何好处，对孩子的成长没有任何的帮助。"所以，尽管学生和蒋老师的年龄差距越来越大，但师生之间没有任何代沟，反而是越来越融洽，有什么事情，学生们都愿意找她去倾诉，无论是已经毕业的还是在读的，无论是已经选科分班到其他班级的还是依然留在蒋老师班里的，他们都愿意找蒋老师聊生活、聊学习、聊自己的现状。

有些腼腆的学生，等在教学楼口很长时间，就是为了塞给蒋建青一张小纸条："老师，谢谢您，愿意听我这个不成器的学生倾吐自己的心声，耐心地带我走出困境。我不好意思当面说，但是我要告诉您，您是我生命中最好的老师，我爱您！"

开朗的学生会直接表达对蒋老师的爱戴之情，老远看见她，就会扑过给她来一个大大的"熊抱"。

蒋建青与语文组老师们参加诗朗诵活动

2018年1月，蒋老师生病住院了一段时间，每天放学都有学生打电话问候老师的病情。蒋老师出院后，她以前教过的学生也在课余时间跑过来看望她。一直到后来，孩子们每周都会抽时间过去看看老师，看看她身体恢复得怎么样。

在蒋老师的办公桌上和书页里，常常会出现小小的惊喜，不是桌子上悄悄放了个石榴，就是书页里夹了张卡片，要么就是充满爱意的小纸条……每当看到学生们这些充满爱的"小心意"，蒋建青觉得自己的工作是如此有意义。

"流水不腐，户枢不蠹"，尽管在心理学这条道路上，蒋老师已经学习了好几年，但她说一切才刚刚开始，她愿意开启自己新的智慧，让自己焕发生命活力，跟上孩子们年轻的步伐，更好地走近他们、理解他们。她珍惜学生给予她的心灵勋章，她更有信心和勇气坚持这样的教育之路。

文化引领，最是书香能致远

蒋老师和爱人任根应都是历城二中的语文老师，相亲相爱，互相陪伴，人们总能从他们平时的言谈举止中读到甜蜜的味道。他们一直相信，立身以立学为先，立学以读书为本，最是书香能致远。在夫妻两人的影响下，女儿任怀瑾从小就酷爱读书，书架上摆满了各种类别的书籍，海量的阅读为她涂亮了生命底色，开启了智慧。这个家庭获评2017年"书香飘万家"全国优秀家庭。

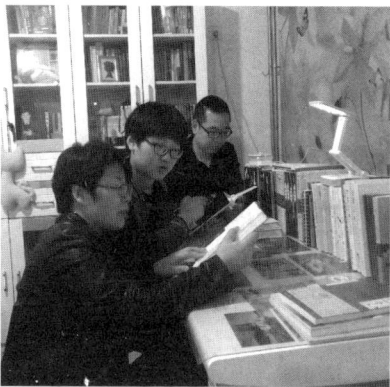

蒋建青全家阅读中

蒋建青连续几年都是历城二中"读书人物"，2011年获得"历城区首届推动读书人物"提名奖。平常读书时，她会随时记录下读书心得或感受，会在自己的工作之余写一些人生感触，在各级各类报纸杂志发表文章，还出版了合著《生命行走的声音》一书。

作为一名语文教师、备课组长，为了传承中华优秀传统文化，让学生领略国学经典，2015年她自编了一本《论语选读》，让学生利用早读15分钟及课前5分钟进行诵读，很多学生的文言文成绩得益于这本书的学习，就连写作也大受裨益。2016年，在语文学科提倡"整本书阅读"的改革大背景下，蒋老师更是大胆地进行尝试，将《论语》整本书的阅读与语文教学契合起来，组织本组老师，编写校订《论语》全译本，成立领读小组，在每日早读时间让学生诵读《论语》，课前进行学习心得的分享和展示，经过一年的时间，学生都通读了《论语》。蒋老师还带领同组老师组织大规模的竞赛活动，提高学生参与经典学习的热情。正是因为蒋老师的这份坚持，历城二中如今的传统文化学习出现了新的面貌，在老师们对各种活动不断的改进和提升中，学生们传承了中华优秀传统文化的精髓，提升了经典文化素养。

作为一个母亲，蒋老师在与其他老师交流时，发现很多孩子喜欢国学但没有专业的老师指导，于是，她又萌发了亲自带孩子们学国学的想法。在学校大力支持下，她成立了学校的"国学诵读公益儿童班"，儿童班的孩子都是教师子女。蒋建青每周都利用一个晚上在国学堂带领孩子们诵读《论语》，孩子们在其乐融融的氛围中学习并感受经典。

一路向阳，温暖绽放，蒋建青老师把这种教育生活称之为幸福的陪伴，她说，这份幸福可以让自己青春不再时仍然感受到不老的活力和劲头。

优秀后勤人员朱坤

服务师生从不喊累，坚持用心做好每一件"小事"

教育格言

脚踏实地,只为初心。

教育感悟

勤能补拙,真诚始终。

朱坤,中共党员,毕业于曲阜师范大学历史文化学院中国古代史专业,获得历史学硕士学位,先后获历城区优秀资产管理员、历城区优秀共产党员、学校"螺丝钉奖"等。

朱坤，总务处一名普普通通的教师，始终把服务师生放在心底，真正做到了哪里需要到哪里去。他觉得不管自己做什么，都不能忘记党员这个身份，都不能忘记二中老师们无私奉献的精神，都不能忘记"人生在勤"的校训。他懂得感恩，不求回报，踏实做好每一件小事是他的工作作风；他懂得热爱，不计得失，真诚对待每一个同事是他的处事风格。

2个月填写清查表500余页，清查资产万余件

2009年，朱坤调入历城二中，担任英语教学和班主任工作。2012年，他服从学校安排，成为一名校总务处的老师。他愉快地迎接了人生的新挑战，并以灿烂的笑脸与轻快的步伐很快适应了新的工作岗位。

总务处工作杂、多、累、耗时、精细，需要耗费大量的精力和体力才能做好，这使得朱坤非但没有完整的周末，就连暑假也难得休息几天。2013年，朱坤在总务处工作的第一个暑假只休息了3天。

作为学校固定资产管理员，朱坤开始接触一个全新的领域。他善于学习，勤于请教，在付家东老师和李乃霞老师手把手地指导下，他在一个月的时间内就熟练地掌握了资产账的记账方法并完善、增补多处账目。这种甘于埋头于账本的精神，为他后来的资产管理工作奠定了坚实的基础。之后，他又很快掌握了电子账的利用和软件的使用。

"资产清查"这个老大难问题，需要负责者具有充足的体力与精力、足够的耐心与韧劲。从2013年5月至7月底，朱坤和他的同事们清查了建筑物27座，对每一个房间、每个角落的资产都做了统计，填写清查表500余页，清查资产万余件，并将资产清查情况录入电脑打出清单，为学校清埋出十几年的账面资产与实物，为学校资产的清理报废准备了第一手资料。在资产清理过程中，朱坤将1996年以来的废旧淘汰资产归类，从账本到实物一一核对，共清理调拨资产5038件，计7024272.5元。又经过2014年至2016的资产清查，使学校固定资产基本达到了账账相符、账物相符、账实相符，为学校统一调配资产及编制政府采购预算奠定了基础。

协助总务处领导及账务人员做好政府采购工作，也是资产管理员工作的

重要组成部分。有了前期的资产清查做基础，根据资产存量进行预算编制就有了科学依据。政府采购预算的实现是一个十分烦琐的过程。在没有政采平台之前，全靠不断地和教育局、财政局、招标代理交流、洽谈；使用政采平台之后，从做指标、写计划到签订

与同事们仔细核对每一个数据

合同，都在内网上操作，对计算机技术有较高要求，需要付出大量的精力。

善于站在别人的角度反思自我，让朱坤在压力面前一次次收获惊喜。他认为一线教学工作是全心全意为学生服务，总务处工作同样也是全心全意为学生服务、为教育教学服务，只是方式不同、立场不同。以前朱坤经常给学生讲，我们一定要换位思考，要站在不同的立场与角度来揣摩体会人生万象。新的工作给了他重新思考的机会，让他以一名党员的姿态重新审视自己所属的这个团队。

工作绝不拖延，加班是家常便饭

要做好固定资产管理工作，需要有"砸钉子"一般的冲劲、干劲，更需要细致、精准的计算。核对账目是一个非常精细的工作，一分一厘也差不得。在2013年清查资产账时，朱坤发现账本数目比系统上少了7分钱，他就用计算器逐页计算汇总，花了三天时间终于把那7分钱找了出来。

在2014年党的群众路线教育活动之初，朱坤与张蕊、李志勇三位老师对学校《教育实践活动实施纲要》进行逐字逐句的论证、研讨与修改；对于每次集中学习、培训的材料，他总是一遍一遍地校对；第一次检查老师们学习笔记时，他一页页细致地进行检查，使大家得以及时调整学习方向。每件事、每件工作，他都会像钉钉子一样，深入进去。他觉得只有深入进去，才能发现自己与同事们在学习、工作中出现的问题，才能更好地团结协作、共同进步。

自我加压，善作"愚钝之人"

做"愚钝之人"，以细致踏实、工作务实、一丝不苟的人生态度面对平凡的工作，正是朱坤日常工作的真实写照。十幢教工楼的查水表工作相当繁重。他精心计算老师们什么时候下班、什么时候开始午休、什么时候晚饭后去加班或散步，以免打扰老师们正常的休息与生活。

他常说："放眼看世界，甘心做傻子；低头看脚下，放手做事情。"只要有工作要做，他就一定要做好。每天，他都会抽出时间到校园去转转，看看哪些地方应该维修，在什么地方有什么资产，有时候因工作需要他会在校园跑个来回四五圈。平常，每

朱坤认真做好每一件"小事"

周晚上他要值三次班，从六点半到九点半要在办公室办公，九点半之后要到学校大门口值勤，等到所有走读的学生全部离校后才能回家休息。每个周六他依旧坚持加班，协助领导处理日常事务，并且在周六开放日下午五点至六点配合级部领导在学校大门口值勤。

朱坤在工作上有一个信念，就是"绝不拖延"，而"多用五分钟"的工作理念更是对"绝不拖延"工作信条的有力补充。两者并不矛盾，而是相辅相成。多付出五分钟并不是多干活，而是多动脑、多总结，因为总务工作中的每一项小工作都需要通过认真总结才能做到万无一失。

朱坤老师忙碌在校园中，就像一颗小小的螺丝钉，坚实、坚定、坚强。他对待工作一腔热血，坚持不懈，用党员的标准要求自己，哪里需要到哪里。